广西教育厅科研立项项目："美国法院标准制度研究"201010LX534

贺州学院博士科研启动基金资助（This research was supported by the doctort's scientific research foudation of Hezhou University）

高校社科文库
University Social Science Series

教育部高等学校
社会科学发展研究中心

汇集高校哲学社会科学优秀原创学术成果
搭建高校哲学社会科学学术著作出版平台
探索高校哲学社会科学专著出版的新模式
扩大高校哲学社会科学科研成果的影响力

美国《上诉法院标准》研究

Study on Standards Relating to Appellate Courts

奉晓政/著

光明日报出版社

图书在版编目（CIP）数据

美国《上诉法院标准》研究 / 奉晓政著 . -- 北京：
光明日报出版社，2013.6（2024.6 重印）

（高校社科文库）

ISBN 978 - 7 - 5112 - 4572 - 4

Ⅰ.①美… Ⅱ.①奉… Ⅲ.①民事诉讼—上诉—诉讼
程序—研究—美国 Ⅳ.①D971.251

中国版本图书馆 CIP 数据核字（2013）第 084811 号

美国《上诉法院标准》研究

MEIGUO《SHANGSU FAYUAN BIAOZHUN》YANJIU

著　　者：奉晓政

责任编辑：张盈秀　　　　　　　责任校对：邓永飞
封面设计：小宝工作室　　　　　责任印制：曹　净

出版发行：光明日报出版社

地　　址：北京市西城区永安路 106 号，100050

电　　话：010-63169890（咨询），010-63131930（邮购）

传　　真：010-63131930

网　　址：http://book.gmw.cn

E - mail：gmrbcbs@ gmw.cn

法律顾问：北京市兰台律师事务所龚柳方律师

印　　刷：三河市华东印刷有限公司

装　　订：三河市华东印刷有限公司

本书如有破损、缺页、装订错误，请与本社联系调换，电话：010-63131930

开　　本：165mm×230mm

字　　数：202 千字　　　　　　印　　张：11.25

版　　次：2013 年 6 月第 1 版　　印　　次：2024 年 6 月第 2 次印刷

书　　号：ISBN 978 - 7 - 5112 - 4572 - 4 - 01

定　　价：65.00 元

序 言

  司法制度的创设和改革伴随着中国社会的发展而发展。从 1904 年清朝政府设立"修订法律馆"仿照西方变法图强至今，实现中国法制现代化的历史任务就呈现在中国社会面前。1999 年，"依法治国"写入宪法成为了根本的治国方略；2007 年，党的十七大作出了深化司法体制改革的战略部署；到 2012 年，十八大报告更是强调要"进一步深化司法体制改革，确保审判机关、检察机关依法独立公正行使审判权、检察权"。由此可见，司法改革成为我国当今社会改革的重点和热点。

  仔细拜读了晓政博士的大作《美国〈上诉法院标准〉研究》，我有以下几点体会：

  首先，他山之石可以攻玉。从研究方法和视野上，晓政博士选择了当今发达国家的代表——美国进行个案研究，对于改革和完善我国司法制度有着积极的借鉴意义。司法制度包括司法程序和司法管理，是实现法治的制度保障，是维护社会公平正义的后盾，对于法治国家的建设具有极为重要的意义。深化司法体制改革，必然要深入到司法制度的各个领域。司法改革首先要立足于中国的基本国情，不能脱离"本土资源"；但也不能闭门造车，盲目排外；同时，又要有清醒的头脑，避免南橘北枳。在治世经验上，我国社会重视人的精神境界的打造，因此选择了伦理，而西方社会重视物质和伤害与弥补因而选择了法治。西方发达国家的法治传统较为久远，有较深厚的历史积淀，诸多制度经历了试错和检验，他们的经验和教训成为全人类的共同精神财富，值得我们去学习和借鉴。在中国的法治进程中，我们从未间断过借鉴他国的有益经验，借鉴外国的法律制度。尤其是随着经济全球化的深入发展，法律也出现了全球化的趋势，学习、研究和借鉴国外法律制度包括司法制度更是不可或缺。

其次，在通读全书后，我发现了本书的三个特点，梳理出来供读者品味：一是选题较新，国内对美国律师协会制定的与法院相关的系列标准研究不多，尤其是对《上诉法院标准》的研究更是阙如；二是研究材料大多来源于国外原版，作者以丰富的外文资料为基础，研究过程中避免了不少使用二手资料带来的不准确和错漏；三是研究有一定的创新，该书探讨了美国律师协会制定的与法院相关的系列标准的历史、政治及司法背景，总结了法院标准的推行情况，研究了《上诉法院标准》的主要制度，包括上诉法院的审判程序和行政管理，最后结合我国司法改革的背景，以我国的上诉审制度改革为切入点，讨论了美国上诉法院标准对我国民事上诉审改革的借鉴意义，提出了借鉴美国上诉法院标准制度改革我国上诉法院和民事上诉审的七个方面的具体学术见解。作者从针对美国法进行研究，但始终关注的是中国司法改革的道路和制度，始终不忘出发点和目的地，这种在研究过程中表现出的难得的清醒和理性值得称道。

该书的出版，可为我们进一步了解美国的司法制度，或者说更主要是美国上诉法院的审判和运作制度提供帮助，从而优化和完善我国的现行司法制度，推动和深化司法制度改革。

是为序！

广西民族大学知识产权发展研究院院长、重庆大学博士研究生导师

齐爱民

2013 年 1 月

CONTENTS 目 录

第一章

导　论

1.1　研究背景及选题理论与实践意义

1.1.1　研究背景

司法改革①是世界各国都面临的问题，许多国家如英国、美国、日本和瑞典等都先后进行了司法改革。改革的目标是便利民众接近司法，提高司法审判效率，维护社会的公平与正义。长期以来，作者一直在关注国内外司法改革的得失成败与发展动态，积累了大量的素材，致力于司法制度理论与实务的研究，以期为我国的司法改革提供只言片语的参考。

美国是一个联邦制国家，实行分权制，政府权力由联邦和州分享，各负其责。与此相联系，美国的法院制度是"双轨制"：有全美范围内统一的联邦法院系统及各自独立的管辖州法案件的州法院系统。由于法院制度的复杂性，加之各个法院在构造、管辖权、诉讼程序及管理规则等方面的不统一，造成司法不统一，导致了诉讼迟延、案件积压、当事人有意选择诉讼法院等一系列问题，引发了民众的强烈不满。美国律师协会（ABA）以捍卫自由、维护正义为宗旨，长期以来致力于推进司法改革，促进司法统一。为此，它制定了一系列的司法行为规范、审判标准及与法院相关的标准制度。特别值得关注的，是协会在 20 世纪 70 年代制定、90 年代初修订的有关法院的一系列标准。这些标准，大部分已经为联邦法院参照适用。一些州法院系统完全采用了这一系列

---

① 国外一般采用"小司法"概念，即司法特指法院行使审判权的活动。因而司法机关一般也仅指法院，而国内部分学者把检察院也作为司法机关（广义）。本书中司法取狭义的概念；本书探讨的司法改革仅指人民法院及其相关制度的改革。

标准，另外一些州则已经将其列入实行计划。这些法院标准制度推行几十年来，取得了极为显著的成效，采纳标准的那些州已初步实现了司法统一、高效的目标。

现阶段，中国正经历世界历史上前所未有的、迅速变化的社会转型。胡鞍钢先生将其归结为四大新特点：社会流动性增加、社会更加多元化和更快的分化、更有开放性。① 肇始于 20 世纪 80 年代的司法改革，是改革开放以来当代中国社会整体性转型的重要组成部分。社会的综合转型制约着司法改革的道路选择、进程和成效。社会的巨大变革，使得司法改革不能再满足于对细枝末节的修补，必须涉及司法体制的深层次问题。我国的司法在理念、功能、目标、政策等方面均面临着转型，它是深入学习实践科学发展观，构建社会主义和谐社会的必然要求，也是我国全方位深层次改革对司法改革的具体要求。当代中国司法改革已成为中国政治体制改革的一个重要组成部分，是中国政治发展和社会变迁在现阶段的一个突出的结构性要求。长期以来，中国共产党都非常重视和关心司法改革问题。1997 年，中国共产党第十五次全国代表大会报告明确提出了"推进司法改革，从制度上保证司法机构依法独立公正地行使审判权和检察权"，将司法问题正式纳入了国家政治话语系统之中。2002 年，党的十六大报告进一步明确要"推进司法改革"。2007 年，党的十七大又从发展中国特色社会主义民主政治、加快建设社会主义法治国家的战略高度，作出了深化司法体制改革的战略部署。十七大报告指出要"深化司法体制改革，优化司法职权配置，规范司法行为，建立公正高效权威的社会主义司法制度，保证审判机关、检察机关依法独立公正地行使审判权、检察权。"2009 年 3 月 17日，为贯彻党的十七大精神，落实中央关于深化司法体制和工作机制改革的总体要求，维护社会公平正义，满足人民群众对司法工作的新要求、新期待，最高人民法院公布了《人民法院第三个五年改革纲要（2009～2013）》。

我国现行法制毫无疑问应归于社会主义法制类型，但是若抛开意识形态及宪政制度方面的内容，从法系的类型划分角度而言，则我国法制的大陆法系特征表现显著。尽管如此，我们仍不能忽略英美法对我国法制现代化的影响。改革开放三十余年来，这种影响尤为突出，以至于我国法律在某些方面表现出"混合法制"的特征。在当代中国，司法权和司法制度获得了前所未有的重

---

① 胡鞍钢. 中国社会转型中的四大新特点 [J]. 学习月刊，2005，(10)：43.

视，人们对于司法权在这个社会结构中所发挥的功能和作用赋予了较多的期盼。愈来愈多的人认识到，一个能够确保公正裁判，并且能够有效应对挑战的司法机构，对于一个国家法治建设的成败，具有关键性意义。正如新泽西州首席大法官亚瑟·范德比尔特先生（Arthur T. Vanderbilt）所指出的："我们的公民首先是在法院里，而不是在立法机关中首先感受到了法律那锋利的爪牙。如果他们尊敬法院的工作，他们对法律的尊敬就能够使得任何其他政府分支的缺陷得到谅解；但是，如果他们对法院工作失去了敬意，那么他们对法律和秩序的尊敬就会消失不见，并同时对整个社会造成极大的损害。"①

我国正在进行的司法改革广泛涉及司法的功能、司法独立的制度保障、司法人员的素质（资质、程序、选拔范围、继续教育等）、审判方式、审判组织、法院内设机构、法院职权配置、司法管理制度（司法成本的降低和高效运作）、司法政策、经费保障、工作机制等诸多方面。我们在构建和完善中国特色社会主义司法制度时，西方法治国家司法制度运作的规律和各种经验教训，确实值得我们参考。但是，非常遗憾的是我们对于现代司法制度的研究却相对滞后了，未能够为我国的司法改革提供坚实可靠的理论支撑。为此，我们应当坚持立足国内与放眼世界相结合，立足于我国的实际情况及司法改革的需要，认真学习借鉴人类社会创造的一切优秀司法文明成果。我们要做到"既认真研究和吸收借鉴人类法治文明有益成果，又不照抄照搬外国的司法制度和司法体制，既与时俱进，又不超越现阶段实际提出过高要求。"② 当前，在司法改革的大背景下，研究、分析及借鉴两大法系的一些先进成熟的制度，比如美国的法院标准制度就显得尤为必要。

1.1.2 选题的理论及实践意义

宏伟的改革蓝图必须借助具体的制度和实践来实现，高深的法治理论亦须具体外化成各种各样的、现实的制度形态和合作方式。法院制度涉及法院的构造、法院行政管理、管辖权设计、法官制度、经费保障等一系列的问题，关系到司法独立、司法的功能、司法的效率等的实现，所以有着重要的理论意义。美国律师协会制定的一系列与法院相关的标准制度，涉及面较广，其内容大体

---

① The Challenge of Law Reform. Princeton, NJ: Princeton University Press, 1955. 4 ~ 5.

② 最高人民法院. 人民法院第三个五年改革纲要（2009 ~ 2013） [EB/01]. http://www. court. gov. cn/spyw/sfgg/201002/t20100223_ 1776. htm。

涵盖了我国《人民法院组织法》及《法官法》的内容（并且也包含了我国《民事诉讼法》、《行政诉讼法》及《刑事诉讼法》的一些内容）。我国以往对司法制度问题重视不够，建国初期基本仿照苏联的模式，而文革时期"砸烂公检法"，法院基本陷入瘫痪。自 20 世纪 70 年代末，各地开始恢复重建人民法院，司法审判工作逐步走上正轨。1979 年 7 月新的《人民法院组织法》颁布，开启了我国法院建设的新篇章，各项制度亦日益完善。改革开放 30 余年来，虽然我国各级人民法院的司法审判工作取得了长足的进步，但是司法与经济社会发展之间仍然存在诸多不相适应之处。

一方面，随着我国市场经济的逐步确立，各种社会主体之间的关系日趋复杂化，出现了利益多元化的格局。由此导致各类矛盾和纠纷快速增长。

而且，由于改革及对外开放，经济社会迅速发展，人口流动迁徙频繁。数千年的传统社会——人们过着农耕生活，那是一种从出生到死亡不离故土，大家相互间知根知底的"熟人"社会——已经基本瓦解，代之以邻里之间互不相识、互不往来、互相防备的"陌生人"的现代社会。维系社会生活的传统纽带已经断裂，必须引入和借助一些新的社会控制手段。

另一方面，经过改革开放 30 年的努力，中国法制建设亦取得了长足的进步，法律制度日益完善。据不完全统计，到 2008 年，我国已经颁布了法律、行政法规和地方法规 8400 余部，基本形成了有法可依的局面。从 1986 年开始的全民普法运动，到现在已经开展了 20 余年，从"一五"普法走到了"六五"普法，人们的法治意识得到了极大的提高，广大民众普遍养成了遵法、守法意识，形成了通过法律手段维护自身合法权益的自觉性。根深蒂固的"厌讼"思想已经有所松动，传统的"私力"救济手段已无法应对不断涌现的各类纠纷。

最高人民法院的统计数据显示，年受理案件，各类案件呈高速增长之势。①"诉讼爆炸"，法院面临前所未有的办案压力。我国前些年的司法改革以提高诉讼效率、维护公平正义为目标，但是多年下来效果似乎不明显。针对如

---

① 2011 年 1～12 月全国法院受理各类案件 12203703 件，其中新收 11502808 件，审结 11478505 件（含上年旧存，下同），收结案同比分别上升 5.85% 和 4.36%。其中，当年起诉、上诉、再审（即诉讼案件）的刑事、民商事、行政案件 8345973 件，同比上升 7.47%，审结 8282284 件，同比上升 6.19%；新收国家赔偿案件 2108 件，审结 2035 件，分别上升 53.64% 和 43.41%；办理减刑、假释案件 615010 件，同比上升 9.88%。详见最高人民法院网站司法数据专栏。

此状况，现阶段理论界及司法实务界产生了分歧。有人提出要回归传统，走人民司法的道路，重新认识、发扬、推广"马锡五审判方式"。更有甚者，2009年8月25日河南省司法厅和河南省高级人民法院联合下发了《关于充分发挥律师在诉讼调解工作中积极作用的意见》。按照意见要求，律师要努力促进当事人之间、当事人与法官之间的相互沟通与理解，向法官提出有利于调解的意见和建议，配合人民法院促成调解。① 由此，引发了广泛的争议。

中国的法制现代化发端于清末，迄今只有短短百余年的历史。在中国的法治进程中，我们从未间断过借鉴他国的有益经验，移植外国的法律制度。目前我国人民法院的改革正在不断深入，其任务是优化内部职权配置，加强基层基础建设，提高司法能力。但是，在司法改革的一些基本问题上，法学理论界和司法实务界尚未统一认识：司法改革尤其是法院改革的目标如何实现？司法改革何去何从？采取何种进路？各方互不相让，争论前所未有的激烈。在此背景下，研究西方法治国家的一些司法制度，例如美国律师协会制定的有关法院的标准制度，探讨其得失，找出其可资借鉴之处，便具有了极大的理论意义和实践意义。

2007年笔者有幸考入重庆大学法学院攻读博士学位，师从陈刚先生。研究课题由导师根据笔者实际推荐。经检索，该选题国内尚无专人研究，有待探究。课题对于深化我国司法改革，对于如何做好国内基层法院及中高级法院的建设工作，尤其是我国民事上诉审制度的改革有着一定的理论和现实意义。并且，随着全球化的深入发展，中美之间的商务、旅游及民间往来日益密切，冲突不可避免，了解美国司法运营制度，把握其基本原则，可以做到"知己知彼，有备无患"。因此，本研究课题也获得了广西壮族自治区教育厅的资助。本书系广西壮族自治区区级科研项目——广西教育厅2010年教育厅科研立项项目："美国法院标准制度研究"（项目编号：201010LX534）的阶段性成果之一。本书的出版亦获得了"贺州学院博士科研启动基金"资助。

---

① 河南司法厅和高院出台文件要求——律师要劝当事人少打官司［N］. 北京晨报，2009-9-3（07）.

1.2　国内外相关研究的文献综述

美国国内有多位学者教授从事与法院制度相关的研究，但是研究主要集中在联邦最高法院，对初审法院尤其是中间上诉法院的研究较少。日本法务省曾经派出学者到美国实地考察学习，并将有关的三大标准翻译成为日文。但是日本学者研究的是 1974 年首次颁布的第一版。现在该系列标准已经颁行了第二版，其中《初审法院标准》第二版发布于 1987 年，《法院组织标准》第二版颁布于 1990 年，《上诉法院标准》第二版颁布于 1994 年。而且，《初审法院标准》第三版也已经于 1992 年正式发布推行。根据文献检索，迄今为止国内对美国律师协会颁行的司法管理标准系列——与法院有关的标准制度——尚无人进行深入专门研究。仅有最高人民法院中国应用法学研究所 2008 年 11 月编译的《美国法官制度与法院组织标准》一书，该书主要翻译介绍了美国联邦和各州的法官制度，翻译了《美国法院组织标准》。但该书存在一些瑕疵和错漏，且未展开讨论研究。相关的研究美国法院制度的论文也比较少，多是零散的介绍，未进行综合系统的探究。综合来看，国内对美国法院制度的研究主要集中在以下几个领域。

1.2.1　关于美国法院体制

司法制度在美国政治制度中的重要性是众所周知的。在美国的政体下，司法的作用非常巨大，可以说无孔不入。19 世纪法国著名的美国问题观察家阿列克斯·德·托克维尔曾经指出："在美国，几乎任何一个政治问题或早或晚都将转化为司法问题。"[①] 几乎所有的纠纷，法院都可以解决。法院真正成为解决任何纠纷的最后一道屏障。绝大多数政治问题，最后都会发展成为司法问题，可以提起诉讼。例如，美国的总统选举问题，2000 年戈尔与小布什的选票之争，最后亦通过司法程序来解决。[②]

国内外学者及司法实务界对美国法院制度的研究成果比较多。从成果形式上而言，既有大部头的专著，也有短小精悍的专题论文；从研究内容来看，则

---

① Alexis de Tocqueville. Democracy in America，ed. J. P. Mayer and M. Lerner. New York：Harper and Row，1966. 248.

② 2000 年美国大选诉讼［EB/O1］. http：//xfx. jpkc. gdcc. edu. cn/show. aspx？id = 174

既有全面研究某一级法院的，又有深入研究法院某一专门制度的。其中有代表性论文主要有：邱创教、张宏心的《美国法院考察》、吕中泉的《美国法院体系》、杨弘志的《美国的法院系统》、黄国桥的《美国法院体制与中国法院体制之比较》、李云起的《美国法院体系综述》、美国托尼·M·费恩的《美国法院体系的运作方式》（朱冠群翻译）、杨路的《美国法院行为标准及衡量体系》及高嵩编译的《美国法院纵览》等。总体而言，这些成果多集中于对美国联邦法院及其相关制度的研究，对州法院系统及其相关制度研究相对较少。

现有研究标明，美国法院制度具有独特之处，司法机关——主要是普通法院——不仅审理私法和刑法案件，亦审理其他案件，特别是具有对行政案件和违宪案件进行司法审查的职能。美国法院制度是典型的"双轨制"。事实上，美国有五十一个司法系统：有以美国最高法院为首的联邦法院以及各州单独设立的司法系统，每个州的系统都有它自己的州最高法院和基层法院。这些司法结构之间以及它们所执行的法律之间的关系的确是十分错综复杂的。

1.2.2　关于美国法院的法官制度

美国法官的地位很高，享有较高的威望和收入，且高度独立，只服从法律。在今天的美国社会中，法官是绝对的权威，是集智慧、阅历与职业操守于一体的人间圣人。① 根据黄浴宇的研究，美国在其立国之初法官的地位也是无法与现在相提并论的，其间是一个渐进的历史进程。他从制度经济学的视角解读了美国法官的自发性制度创新对于美国法治实现的重大意义，认为法官的职业化是由于社会分工引起的，法官从社会的边缘走向中心是由诸多历史条件所决定的，诸如宪法保障、历史传统、工业化的发展等等。法官群体意识的觉醒以及与工商业主的联盟则是司法改革得以推进的关键，程序改革对于法官地位的由弱变强具有重大意义。

在法官的选任问题上，联邦法官和州法官也有许多不同。联邦法官由美国总统提名，并需经联邦立法机关——参议院同意和确认后，再由美国总统任命。联邦法官任职实行终身制，除非发现他们有刑事犯罪，否则不能被解职。建国 200 余年来，被解除职务的法官不超过 20 人。终身任职制是保证法官独立性的重要途径。当前，州法官的选任大致有两种方式：由州长任命，或者由

---

① 黄浴宇. 论司法改革对美国法官地位的强化［D］. 南京：南京师范大学 2004. 6.

州公民选举,并且他们的任职都有一定期限。各州情况有所不同,但是州法官的任期一般是四到十年。联邦法院系统大约有 650 名初审法官,大约有 180 名中级上诉法官,有 9 名最高法院法官。与之相比,50 个州的州法院系统大概有 15,000 个法官。

在法官惩戒制度方面,美国律师协会颁布的模范司法行为准则为法官惩戒确立了"行为不当"这一基础性标准。联邦宪法兼采犯罪与行为不当两个标准,国会弹劾制度和司法理事会惩戒制度分别与之对应。州法中的两套惩戒制度都可以剥夺法官职位,且其实践远较联邦法丰富,行为不当标准实际上也得到了广泛运用。但是,联邦法与州法都设置了惩戒禁区:不得针对法官的实质裁判行为进行弹劾。①

张晓薇博士则对美国法官的角色作了专门的研究。她认为:对抗制、陪审制等共同作用而形成的美国法律文化在很大程度上导致了美国法官角色定位于传统的意义上:职能单一、行为消极和形象中立。但随着诉讼制度以及诉讼运作方式的现代化进程,美国法官这一传统角色遭遇到了使之两难但又不得不面对的现代化困境,其传统的角色定位也在实务界和学者的批判声中悄然地发生了变化。这一变化在一定程度上表现为美国法官的角色定位朝着能动性方面转变:一方面,在诉讼中,法官角色较之过去有了更大的权限和参与行为;另一方面,现代性法官不再局限于单一的裁判角色,同时还在诉讼外的纠纷解决和社会性责任等方面发挥着实然的功能。这一变化的历程造就了美国法官在传统角色与现代角色的交织状态中发挥着多元化的职业功能。② 美国耶鲁大学法学院教授朱迪斯·雷斯尼克(Judith Resnik)也指出:许多联邦法官已经转变了他们先前的态度,因为他们抛弃了原先相对消极的态度,转而采取一种更加积极、更具"管理型"的姿态。在越来越多的案件中,法官不仅仅对当事人提交的事项进行裁判,而且法官还在他的办公室中会见当事人,鼓励当事人进行和解,并对案件准备进行监督。在审判前和审判后,法官在形成诉讼和得出判决中都起着至关重要的作用。③

① 严仁群. 美国法官惩戒制度论要 [J]. 法学评论,2004,(6):129 ~ 132.

② 张晓薇. 美国法官的角色:传统与现代的交织 [J]. 民事程序法研究,北京:清华大学出版社,2004. 270 ~ 285.

③ 朱迪斯·雷斯尼克,王奕翻译. 管理型法官 [J]. 民事程序法研究,北京:清华大学出版社,2004. 286 ~ 334.

1.2.3 关于美国法院之友制度

关于"法院之友"（法庭之友，amicus curiae），国内的研究比较多。叶青先生研究认为，法院之友源自拉丁文，意指法院的朋友。根据有关文献资料反映，该项制度最早发轫于古罗马时期，距今已有千年的历史。最早将法院之友制度引入诉讼程序的国家是英国。在 17 世纪之前，法院之友主要由英国的检察总长或法律界人士担任，目的是阐明一些法院尚未掌握的事实以及相关制定法方面的信息。美国在继承了英国这一制度的基础上，通过一系列的判例，将法院之友制度改造成了一项运用非常广泛的制度。① 在美国，"法院之友"不是案件的事实上的当事人，系基于其对法院正在审理的案件的浓厚兴趣和重大利益，以第三方的身份向法院提供与案件有关的事实或者适用法律方面的意见，表达对法院所面临的法律问题的观点。"法院之友"影响法院判决的主要方式是向法院递交"法院之友"法律理由书（amicus brief），有时也参加口头辩论。

在美国联邦上诉法院和最高法院的案件审理过程中，充当"法院之友"的主体主要是两大类：一是联邦或州政府；二是私人、社会组织或者利益集团。联邦或者州政府的"法院之友"，是该制度最常见的表现形式。通常，政府"法院之友"是由代表联邦或者州政府的检察总长参与诉讼，政府"法院之友"介入诉讼的目的是为了社会公众的利益，他们在诉讼中通常能够保持中立的立场。私人、社会组织或者利益集团作为"法院之友"介入诉讼，按照与争讼案件关系的不同又可划分为：中立的"法院之友"、与案件有利益关系的"法院之友"、准当事人地位的"法院之友"②。

在我国能否移植美国的"法院之友"制度这一问题上，存在两派针锋相对的观点。根据笔者查找检索到的现有公开发表的文字资料，赞成借鉴引入该制度的意见占多数，他们以张泽涛博士为代表，主张适当借鉴"法院之友"制度中的合理因素以完善我国当今的法院体制，并从立法及司法实践的角度提出了五点设想。③ 以叶青教授为代表的反对论者则认为，由于我国在诉讼模式和政治体制上与英美法国家存在很多不同，法院之友制度尚不适合在我国进行

---

① 叶青、王晓华. 论法院之友制度及其在我国的移植障碍 [J]. 现代法学, 2008, (2): 186.
② 张泽涛、陈斌. 法学家论证意见书及其规范 [J]. 法商研究, 2004, (4): 128~129.
③ 张泽涛. 美国法院之友制度研究 [J]. 法商研究, 2004, (1): 179~182.

移植。具体而言，移植法院之友制度在我国目前还缺乏不少支撑该制度有效运作的因素，而且至少存在以下几点移植的障碍：（一）诉讼模式与裁判制度的不同；（二）制度功能与我国部分诉讼制度相重合；（三）我国缺乏司法独立的法律文化环境；（四）我国利益集团发展不健全；（五）我国诉讼资源不足以应付法院之友的庞大信息。①

1.2.4 关于美国法院的法律职员制度

美国法院的法律职员制度也颇具特色，但是，国内学者对这一问题研究比较少。英语词组 law clerk 有多种意义，根据具体的工作情形可翻译为法官助理、法律职员、律政书记、律师助理、法院书记员等。美国法院中法官人数较少，但是，法院中从事法律服务的职员却比较多。他们可以分为两大类，即法院的公共职员（Central legal Staff）及法官的私人助理（Law Clerk）。

法院的公共职员包括：法院管理官（Court Administrator）、法院书记官（Court Clerk）、法庭记录员（打字员，Court Reporter）、幕僚律师（参谋律师，Staff Attorneys）法律助手（Legal Assistant）及法律职员（Legal Clerk）等。

法院管理官负责管理法院或法院系统的非司法官员。联邦和州两级法院都由法院管理官来负责法院的日常工作。他们的职能包括草拟预算、法院人员的招募和管理以及法院案件登录档案的管理等。法院书记官主要负责法院日程安排和保存法院诉讼程序记录。法庭记录员负责记录法庭诉讼程序。而法院的职员律师在案件流程管理及在联系从事管理的职员与负责审判与政策制定的法官方面发挥着关键作用。

---

① 叶青、王晓华．论法院之友制度及其在我国的移植障碍［J］．现代法学，2008，（2）：190 ~ 193.

法官的私人助理——法官助理（Law Clerk，也有人译为书记员）① 是由霍勒斯·格雷（Horace Gray）所创设。当时他担任马萨诸塞州最高法院首席法官，从 1875 年开始他每年都从哈佛大学法学院聘用一名毕业生来协助自己的工作。1882 年，这位以严谨、有条理著称的法理学家成为了最高法院的大法官，他继续坚持这种做法，由他聪慧的弟弟，约翰·奇普曼·格雷（John Chipman Gray）来选任每年的法官助理。② 后来，美国国会便在 1886 年作出规定：联邦最高法院法官必须配备法官助理。1930 年国会又制定法律，规定联邦巡回上诉法院法官也必须有法官助理。随后，国会又分别在 1936 年、1979 年以及 1984 年规定联邦地方法院法官、联邦地方法院小法官、联邦破产法院法官都必须有法官助理。目前，每一位联邦最高法院法官可以有四位法官助理（首席法官可以有五位）；联邦上诉法院法官可以有三位法官助理；联邦地方法院法官可以有一位法官助理；破产法院法官可以有一位法官助理；州各级法院的法官也都有自己的法官助理（一至二位）。③

美国法院的法官助理工作可以视为法律教育的延长，法官助理通过参与法官的判案过程，得到他们在法学院无法获得的实务经验。美国的法官在任职之前，一般都是非常有成就的执业律师，或是在法学院执教多年的法学教授，所以法官助理从法官身上学到的并不仅仅限于法律的分析。因此，从事法官助理

① 在美国，法官助理首先必须获得法律博士学位（J·D）。按惯例，每年各级法院的法官们根据自己的需要，从各个法学院的 J·D 毕业生中挑选法官助理。美国法院的法官助理并不是法院永久雇佣的工作人员，而是由法官个人录用并作为自己的助手，对法官个人负责。法官助理的工作任务由法官安排，由于各个法官的个性、禀赋及工作习惯不同，其法律助手的工作也有所区别。一般而言，法官助理的日常工作是协助录用他的那名法官，主要包括法律研究、准备法官开庭备忘录、为法官草拟演讲稿、草拟法律意见、编辑校对法官的判决和裁定、查证判决所引的注解等。

法官助理一般只跟随一名法官工作一至两年，然后就调任他职。法官助理并不做开庭过程中的记录工作，开庭记录由专门的法庭记录员即打字员完成。通常，法官助理也不做一些具体的行政事务工作，这部分事务由法院专门雇佣的秘书完成。法官助理最主要的工作是审阅起诉状和答辩状（或者是上诉状和答辩状）等卷宗材料，根据起诉和答辩中提出的请求和反驳找出法律要点。法官助理的另外一项重要任务是为法官提供法学理论界在有关法律问题上的研究成果和研究动态。法官助理根据法官处理案件的需要，向法官提供相关问题的研究成果和研究动态，以便法官及时掌握理论动向，使他们在判决中的法律观点阐述得更为完善。

② John Bilyeu Oakley and Robert S. Thompson, Law Clerks and the Judicial Process Berkeley and Los Angeles. California：University of California Press 1980. 11.

③ 北京市高级人民法院：美国司法系统 ［A］海外司法制度掠影，北京：人民法院出版社，2002. 120.

工作实际上是获得了一个接受特殊职业训练的机会。美国联邦上诉法院法官、著名法理学家理查德·A·波斯纳先生 1962 年毕业后，就曾经在联邦最高法院担任大法官布冉能的法律助手一年。许多优秀的法学院毕业生，在毕业时往往以进入法院担任知名法官的法官助理为第一志愿，以便在一二年以后成为执业律师或进入大学法学院执教时，有优于他人的条件。正因为这一点，法官助理们都非常珍视在法院的任职期，工作极为尽职尽力。①

1.2.5 关于美国法院的行政管理

国内对于美国法院行政管理制度的研究成果相对较少。福建省高级人民法院叶邵生编译了《美国法院的行政管理》一文。

法院的司法管理（judicial administration）主要涉及两个领域，一是法院组织和人事的管理，二是诉讼的运行管理。"法院管理包括若干具体的事项，诸如法院的组织和管辖；法官的选任和任期以及法院中所有其他工作人员的聘用、训练和监督；以及例行文秘事务。诉讼的运行管理通常涉及案件处理的进程和花费以及建立法院运作的统一规则以减少案件处理过程中的混乱和不均衡。"②

美国法院内部的行政管理职能，不同级别、不同地域及不同规模的法院不尽相同，大致包括如下事项：

（一）案件分派及流程管理：强调对案件从立案、分派到裁决整个审判过程的管理，包括对过去裁决行为的监管，以保证法院审判过程的公正。有效的案件流程管理，要求进行不断地评估、适时地解决问题和有技巧地调整管理决策。

（二）人力资源管理：法院雇员的招录、培训、晋升、奖惩；确立职业道德标准；薪酬管理及执行激励制度；司法办公室的人员配备问题等。

（三）财务管理：制定法院预算、管理财务、购买办公用品、工资发放及控制，并推动法院预算通过州、地方政府审核程序。

（四）技术管理：评估科学技术的运用对提升法院系统工作能力方面的影响。它包括计算机使用者操纵在线信息系统；提供电子传送和数据、图像及其他文件接收中的自动记录管理和修复系统；录音录像技术及远程交流系统；教

---

① 王玖. 美国法院的书记员［J］. 人民司法，1998，（2）：27.
② Henry R. Glick, Courts, Politics, and Justice, McGraw-Hill Book Company, 1983. 48—49.

育、培训、信息发布、多媒体工具及其他能改进法院执行的系统。

（五）信息管理：增强在突发事件中为决策者传送信息的能力。管理法院执行重要事项的信息；告知法院系统雇员执行任务情况并予以适当的控制；为律师、当事人、政府职员和公众提供适当的法院信息房屋。

（六）陪审员管理：经济高效地管理陪审团系统。

（七）后勤管理：为法官、法院职员提供办公场所及办公设施，为进人法院的律师、普通公民提供适当的工作室和活动场所，坚定公众对法院的信任。

（八）与政府机构间的内部联络：作为与其他政府代理机构和部门的联络员，促进合作，保证政府系统的综合职能发挥和灵活应变，并且维持法院在分立且平等的政府机构中的公正。

（九）公共关系与公开信息：作为向媒体和公众公开信息的发布中心，收集和发布有关法院已经完成的司法事务和尚未审结的案件以及法院系统的内部职能的各种信息和数据。

（十）研究和建议：探讨审判组织问题、提出诉讼程序改革方案和改进司法行政管理方式。

（十一）秘书服务：为法院、司法委员会或相关组织提供服务。[1]

1.3　主要研究内容

美国律师协会司法管理分会制定和颁布了一系列的与法院相关的标准，共三部：即《法院组织标准》、《上诉法院标准》和《初审法院标准》。由于时间、篇幅等的限制，本书仅对其中的第三部——《上诉法院标准》展开研究。

为了给我国人民法院的司法改革尤其是民事上诉审制度的改革提供较为详细的借鉴资料，本书从广泛的视角对美国上诉法院标准制度进行了审视。任何一个制度的建立和发展都是与这个国家的政治、经济及文化背景分不开的，并深深地打上了时代的烙印。所以，为了能够使读者了解制度形成的深层次因素，笔者首先对法院标准制度的形成背景等加以分析，其次对美国律师协会在法院标准的制定和推行中的作用进行了简要介绍。另外，在本书中，笔者不想设置专章就美国的法院制度与我国的相关制度进行比较，并得出什么结论。只

---

[1]　叶邵生．美国法院的行政管理［J］．法律适用 2007，（4）：90～93.

是在最后两章中，简略论述了美国法院相关的标准制度对我国的法院改革及民事上诉审改革的启示意义。

著作包括以下研究内容：

第一部分，简要论述美国律师协会对《上诉法院标准》的制定与推行。首先分析了美国律师协会制定《上诉法院标准》的历史背景。美国律师协会制定《上诉法院标准》的主要原因有三：一是美国各个上诉法院的案件受理压力急剧加大，自二次世界大战以来，美国的州上诉法院和联邦上诉法院均面临案件快速增长的压力；二是美国联邦政治体制存在局限性，州法院体系复杂多样，无法统一，大量存在当事人有意选择法院的情形；三是为保障联邦宪法所确立的平等保护和正当程序条款的实现，必需将其具体化，在程序上实现公正。其次，扼要介绍美国律师协会对《上诉法院标准》的制定与推行。先简要介绍了协会的作用，使大家对美国律师协会有一个基本的了解。在此基础上，再概括性地阐述了美国律师协会制定的与法院相关的三部标准的基本情况，简要探讨文本的形成：来源、组成、发展、适用范围等，让大家对三部与法院相关的标准有总体的印象，便于宏观把握其作用。最后，以时间标准为考察对象，归纳总结了《上诉法院标准》在美国各州的推行情况。到 2007 年末，总共有 14 个州完全或部分采纳了美国律师协会制定的案件处理时间标准。但是，考虑到资料来源的局限性及指标选择等其他一些因素，实际采用《上诉法院标准》的州应当会更多些。

第二部分，择要对《上诉法院标准》的主要规则进行研究介绍。《上诉法院标准》洋洋洒洒近十万字，涉及上诉法院审判、组织及管理等诸多方面，由于本书篇幅所限，笔者只能择其要而述之。重点研究了上诉法院组织原则及构造、上诉范围及其上诉理由、上诉法院的决定程序、上诉法院管理、案件流程管理及上诉法院管理服务及设施等八个方面的内容，突出了其所体现的先进理念。

第三部分，论述美国《上诉法院标准》与美国民事诉讼程序规则的关系。首先，简明扼要地阐释了美国民事诉讼程序。其次，出于比较研究的需要，简要介绍了美国《联邦上诉程序规则》的主要条款。最后，着重探讨了《上诉法院标准》与美国现行民事诉讼程序，尤其是《联邦上诉程序规则》的关系。通过仔细对比《上诉法院标准》和《联邦上诉程序规则》，笔者发现，两者适用范围和对象不同，内容各有侧重，可以互为补充。总体而言，前者的规定较为原则，而后者的规定则较为详细，便于具体操作，且带有较大的技术性。

第四部分，从美国《上诉法院标准》出发，对我国的上诉审制度进行了反思。本章第一节对我国民事上诉审所存问题进行了检视，认为"两审终审制"审级制度基本符合我国的国情，但由于相关配套制度不健全，导致了司法实践中的多重问题。第二节对我国学者提出的上诉审改革理论进行了梳理并作出简明评价，重点分析了关于审级制度改革和审判模式转换的理论。笔者认为现阶段在我国实行三审终审制不可行，而对于审判模式实行续审制是切实可行的。第三节对借鉴美国法律制度进行了可行性分析，认为全球两大法系之间一直存在相互借鉴的做法，两大法系之间存在互相借鉴的基础，并且经济全球化推动了法律全球化。随着全球化进程加快，两大法系融合趋同之势日益凸显，英美法律制度对我国法制的影响必将加大。在此基础上，又从七个方面进一步具体分析了民事上诉审改革借鉴美国《上诉法院标准》的可行性。

第五部分，讨论了我国民事上诉审制度改革的时代背景，提出了借鉴美国《上诉法院标准》改革我国上诉审的具体建议。本章首先介绍了我国民事上诉审改革的时代背景。随着我国各项改革的深入和发展，司法改革也日益得到了党和国家的高度重视。党的十七大作出了"深化司法体制和工作机制改革"的重大决策，而且中共中央政法委员会也提出了"确保党的十八大召开之前，新一轮司法体制改革各项措施基本落实到位"的具体目标。其次，指出了我国司法改革的现状并不尽如人意，理念上尚存在争议，客观上也存有各种障碍。最后，笔者提出了借鉴美国上诉法院标准制度改革我国上诉法院和民事上诉审的七个方面的具体意见。

第二章

《上诉法院标准》的制定与推行

2.1 《上诉法院标准》制定的历史背景

2.1.1 外在动因：上诉法院案件急剧增长

自第二次世界大战以来，美国的州上诉法院受理的案件数量平均每十年翻一倍。从 1973 到 1982 年的十年间，美国有 43 个州年受理的案件增长了101%。① 这当中五个人口最多的州设立了中间上诉法院，上述各州每年受理的案件都超过了 8000 件，其中有两个州受理案件超过了 13000 件/年。根据州法院案件受理数量 1991 年年度统计报告，② 1991 年提起上诉的案件超过了以往任何一年。

"二战后诉讼量大大增加。美国也以极高的效率不断追加法官数量及建设法院。"③ 在 1960 年至 1995 年的 30 余年间，许多州设立了中间上诉法院以应对人们对司法系统日益增长的需求。目前，美国共有 40 个州设立了中间上诉法院（自 1995 年 7 月 1 日起，密西西比州成为设立中间上诉法院的第四十个州）。

随着这些中间上诉法院不断增加法官数量以应对上诉案件的增长，"三名法官审判庭（three – judge panels）"的数量也增加了，这必然导致判决和决定的不一致和冲突。如果法院的审判庭不固定，而是全体法官在审判庭间实行大轮换，则法官组合方式——"三名法官审判庭"的数量将成倍增加，使得问

---

① National Center for State Courts, State Appellate Caseload Growth 2 (Oct. 1983)
② State Court Caseload Statistics: Annual Report 1991, 50 (1993).
③ 莫诺·卡佩莱蒂. 福利国家与接近正义 [M]. 北京：法律出版社200：256.

题更加复杂。根据计算，一个拥有 12 名法官的上诉法院，其上诉审判庭的可能组成方式有 220 种；若上诉法院有 15 名法官，则为 455 种；若法官数为 20，则组合方式为 1140 种；若法官数为 23，则组合可达到 1771 种。而且，由于缺乏足够的时间或者是认为所涉事项不具备作为先例的重要意义，这些上诉法院往往会拒绝给出附理由的权威意见。根据调查，在 1982 年这一年间，中间上诉法院超过 25% 的案件判决采用了备忘录式意见和即决判决方式。公众及法律界人士批评说，双层（重）上诉法院组织结构导致了法院判决的"多重声音"[1]，作出了许多不附理由和解释的判决。他们抱怨，这些中间上诉法院是一种用于阻拦人们接近最高法院的手段，只是增加了上诉的费用。[2] 这些批评反映了人们对双重上诉法院组织是如何应对数量巨大的上诉案件的合理关注，也影响到所涉上诉法院裁决的可信度和权威性。

在绝大多数设立了中间上诉法院的州，最高法院只允许最为严重的刑事案件、提出了重大的宪法性问题及其他具有重要意义的案件可向其上诉。这样一来，绝大多数情形下，实际上中间上诉法院的三人审判庭就终结了一个案件的司法审理。

面对案件增长带来的问题，为提高中间上诉法院决定的一致性，使最高法院集中精力于重大、疑难案件，许多人献计献策，提出了应对解决的方案。前佛罗里达州最高法院首席大法官本·F. 欧文腾（Ben F. Overton）便根据自己的经历和研究提出了应当实行的三大管理程序：（一）在中间上诉法院实行满席庭审以避免判决冲突，确保法院间判决一致，并开会讨论法院认为重要的事项；（二）在中间上诉法院进行临时性的分工，同一审判庭审判基本相同种类的案件，各个审判庭不必决定各种各样的案件；（三）中间上诉法院采用一定标准——一套预先设计的问题以帮助最高法院筛选出那些包含应当由其处理的重要问题的案件。[3]

再来看看未设中间上诉法院的另外 10 个州的情况，为节约篇幅我们以缅

---

[1] Meador, An Appellate Court Dilemma and a Solution Through Subject Matter Organization, 16 U. Mich. J. L. Ref. 471, 474 (1983).

[2] From testimony heard at public hearings conducted by the Florida Supreme Court's Article V Review Commission in August and September 1983. Transcripts are available at the Florida Supreme Court Library and summarized in The Supreme Court's Article V Review Commission Final Report 15 (1984).

[3] Ben F. Overton: A PRESCRIPTION FOR THE APPELLATE CASELOAD EXPLOSION, 12 Fla. St. U. L. Rev. 205.

因州为例加以说明。①

缅因州建州 178 年以来，它的最高司法法院——"作为法律审法院（the Law Court）"履行了首次上诉和最终上诉法院的职能，审理所有的从普通管辖权法院提起的上诉案件。② 缅因州是那些由州最高法院对普通管辖权法院的决定进行唯一一次上诉审的 12 个州（包括哥伦比亚特区）之一。其他的 11 个州是：特拉华州、哥伦比亚特区、蒙大拿州、内华达州、新罕布什尔州、北达科他州、南达科他州、罗德岛州、佛蒙特州、西弗吉尼亚州及怀俄明州。在这些州中只有内华达和西弗吉尼亚州的人口比缅因州多。在这期间，尤其是最近 30 年来，民刑事上诉案件的数量和复杂性的增加，使得法律审法院不堪重负。数量巨大的上诉案件等待法院审理和决定，法院的决策有可能无法做到细致、全面而审慎。缅因州遭遇了上诉法院（单一的）超负荷的问题，这必定会影响其为市民和当事人提供的司法的质量。

应对法律审法院案件过多的方法主要有：扩大法律审法院、绝大多数上诉案件的上诉须获得批准、在普通管辖权初审法院内设立上诉法庭以及新设中间上诉法院以分担上诉工作等。但是，法律审法院扩大或采用审判庭审案、废除作为权利的上诉及赋予初审法院上诉审判权等方法的采用将会产生更多的审判质量问题。③

到了 20 世纪 90 年代，上诉案件的增长势头仍很强劲，上诉案件的受理数量仍在持续增长，迫使各个州创造有效的应对机制。州法院每年受理的上诉案件数超过了 250，000 件，其中近 200，000 件是必须受理的作为权利的上诉（mandatory case，法院必须依据案件的是非曲直审判的权利性上诉，与自由裁

---

① *See* NATIONAL CTR. FOR STATE CTS. , STATE COURT CASELOAD STATISTICS, 15, 16, 34, 36, 37, 42, 48, 50, 54, 57, 59 (1997)［hereinafter CASELOAD STATISTICS］. Nevada and West Virginia are the only states from this list with populations larger than that of Maine. *See* NATIONAL CTR. FOR STATE CTS. , EXAMINING THE WORK OF STATE COURTS 79 (1997) .

② 现存的两部杰出的历史文献探讨了早期缅因州司法权的形成和发展：*See generally* WILLIAM WILLIS, A HISTORY OF THE LAW, THE COURTS, AND THE LAWYERS OF MAINE, FROM ITS FIRST COLONIZATION TO THE EARLY PART OF THE PRESENT CENTURY (1863); Charles Hamlin, *The Supreme Court of Maine, in* 7 THE GREEN BAG: AN ENTERTAINING MAGAZINE FOR LAWYERS 457 (1895) . *See also* DAVID Q. WHITTIER, HISTORY OF THE COURT SYSTEM OF THE STATE OF MAINE (1971) .

③ Peter L. Murray, Maine's Overburdened Law Court: Has the Time Come for a Maine Appeals Court 52 Me. L. Rev. 43

量案件 discretionary case 相对应，此类案件必须先提交上诉请求，获得准许后案件也须根据是非曲直审判）。① 而所谓的"八大州"——加利福尼亚州、佛罗里达州、纽约州、得克萨斯州、密歇根州、宾夕法尼亚州、俄亥俄州及路易斯安那州则受理了作为权利的上诉案件的总数的一半。②

根据州法院国家中心 2010 年公布的最新统计数据，州上诉法院受理的上诉案件数量仍然相当庞大。2008 年各州上诉法院受理的权利上诉和许可上诉情况如下：

表 2.1　2008 年度州法院案件受理情况分析③

Table2.1　An Analysis of 2008 State Court Caseloads

一、权利上诉

1. 州最高法院：

案件类型	受理的案件数	审结（处理）的案件数
A. 法定的权利上诉案件	10096	5153
B. 包含其他类型案件的权利上诉	5410	8553

2. 中间上诉法院：

案件类型	受理的案件数	审结（处理）的案件数
A. 法定的权利上诉案件	79760	72658
B. 包含其他类型案件的权利上诉	64135	86639
C. 非法定的权利上诉案件	63251	13084

---

① Brian J. Ostrom and Neal B. Kauder, *Examining the Work of State Courts*, 1993（NCSC, 1995），pp. 54～57.

② Roger A. Hanson, Procedural Innovations for Appellate Courts: A Synthesis of Two National Workshops（NCSC, 1995），p. 9.

③ Court Statistics Project, *State Court Caseload Statistics*: *An Analysis of* 2008 *State Court Caseloads*（National Center for State Courts 2010）［EB/01］. http://www.ncsconline.org/D_Research/csp/2008_files/Appellate_Court_Tables.pdf

二、许可上诉

1. 州最高法院

案件类型	受理的案件数	审结（处理）的案件数
A. 法定的许可上诉案件	31730	22850
B. 包含其他类型案件的法定的许可上诉	11603	13575
C. 非法定的许可上诉案件	4511	8785

2. 中间上诉法院

案件类型	受理的案件数	审结（处理）的案件数
A. 法定的许可上诉案件	11397	11091
B. 包含其他类型案件的法定的许可上诉	1392	1389
C. 非法定的许可上诉案件	32	263

前面我们讨论了州上诉法院面临的案件增长的压力，现在让我们再将目光转向遍布全美的联邦上诉法院。可以发现，联邦上诉法院系统同样也面临着案件高速增长的巨大压力（详见表 2.2）。调查数据也显示，向美国联邦上诉法院的上诉从 1960 年的 3899 件增长到了 1996 年的 49761 件。① 面对这一困难，联邦上诉法院系统必须实行自我调整和变革。不进行调整和改革，则上诉法院系统将无法持续运作。联邦上诉法院主要采取了限制口头辩论的使用、强化法律理由书的作用、限制部分上诉案件法庭意见的出版和引用或者干脆不撰写法庭意见、运用案件管理技术以及增加法庭办事人员等。但是，这些法院内部改革措施也有副作用。这一变革已经严重危害了上诉的理念，阻碍联邦上诉法院的传统功能的实现。

---

① 史蒂文·苏本和玛格瑞特·伍. 美国民事诉讼的真谛 [M]. 北京：法律出版社 2002. 271.

表 2.2　联邦上诉法院司法案件受理指标①

(1997 年、2000 年和 2001 年 12 个月期间的数字，截至当年的 3 月 31 日②)

Table2.2　Judicial Case Load indicators

(12 – month Periods Ending March 31, 1997, 2000, and 2001)

案件数量	1997	2000	2001	自 1997 年相比变化%	自 2000 年相比变化%
提交的案件	51963	55320	56067	7.9	1.4
审结的案件	51522	55678	56210	9.1	1.0
未决案件	38955	40910	40797	4.7	- 0.3

　　传统的解决案件增长问题的方法——增加法官或建立新的中间上诉法院已经被证明是效果不理想。增加法官或建立新法院是州议会的职责，而且议会常常对于增加资源的需求反应迟钝。并且，增加新的上诉法官将会比增加新初审法官更容易产生体系混乱和问题。实践也证明，这不是解决问题的最佳路径。因此，加强各州上诉法院的管理并在州上诉法院开发和运用有效的案件流程管理计划项目便势在必行。

　　事实上，由于许多领域科学技术日新月异，法院即使在案件不增加的情况下，也很难以与时俱进的风格处理那些新问题。在这一大变革的时代，我们必须应用一切可以利用的工具来确保法院系统以快捷而确定的方式运作。

　　在当今的美国，"中心问题不仅是向至今尚无法享受法制服务的社会阶层扩展这些类型的服务，还在于向历来就享受服务的人提供高水准的服务以满足其不断增加的要求，这对于州来讲是一种合理的负担。因此，特别在民事方面，美国面临一般性限制为配合地方性经济成长而迅速扩展这一历史课题，并且继续受这一课题的支配。政府也正为满足那些有购买余力的人的要求而忙碌于建立新市场，没有时间去考虑那些尚无条件加入现有市场的人对于扩展法院的各项服务的要求。"③

　　面对上诉案件数量巨大、案情复杂、法院预算紧缩及其他困难，各个州不

---

　　①　联邦巡回上诉法院除外。

　　②　Federal Judicial Caseload Statistics (2001). [EB/01]. http：//www.uscourts.gov/uscourts/Statistics/FederalJudicialCaseloadStatistics/2001/front/highlights.pdf

　　③　莫诺·卡佩莱蒂. 福利国家与接近正义 [M]. 北京：法律出版社 2000：258.

得不寻求提高审判工作效率的方法。可以说，全美范围内各级法院受理案件数量不断增加，尤其是上诉法院审理案件压力增加，是美国律师协会制定法院标准制度的一个外在动因。美国律师协会制定并推行法院标准制度的一个目标便是规范各州法院的司法审判行为，借此提高各个法院的办案能力，促进案件的快速审结。

2.1.2 内在动力：联邦政治体制的局限性

1789 年生效的美国宪法，建立了美国政府的基本构架。美国政府架构中最直接影响美国法律制度的两个特质，是"三权分立（separation of powers）"和"联邦制度（federalism）"。① 宪法规定国家实行立法、行政、司法三权分立。国会是最高立法机关，由参议院和众议院组成。两院议员由各州的选民直接选举产生。在立法方面，法案必须经过两院通过才能成为法律。政府实行总统内阁制，总统既是国家元首又是政府首脑，总统由选民间接选举产生。在美国，最高行政权属于总统，内阁各部部长只对总统负责。而联邦最高法院作为司法机关，不仅有权监督和解释宪法，即有权公断国会和行政机构所颁布的法令是否符合宪法，并有责任宣布所有违背宪法精神的法令无效，而且最高法院有最高裁判权。三权分立原则确保联邦政府的三个部门——立法部门（legislative branch）、行政部门（executive branch）以及司法部门（judicial branch）的任一部门不会僭越美国宪法所规定的职责，亦不会夺取属于其他部门的权力。三权分立原则对于美国法律制度最主要的影响在于联邦法院的职责。

联邦制度是指国家有联邦和州二种阶层的政府。美国是联邦制国家，50个州相当独立，是联邦的准自治成员，拥有较大的权力。联邦制的突出特征是一个强有力的行政机构和独立的联邦司法权。美国政府的联邦性质在法律实施、地方行政以及司法组织方面最为显著。州政府机构的设置与联邦政府相同，也由立法、行政和司法三部分组成，实行分权和制衡（check and balance）。各州有其包括州宪法、刑法、民法、程序法、证据法等一整套法律制度，州的行政首脑是州长，除个别州（Nebraska，内布拉斯加州）外，州的议会也实行两院制，这些都根源于殖民地的原创。

就美国建国历史而言，美利坚合众国的建立不是自上而下，而是自下而上

---

① 威廉·伯纳姆. 英美法导论［M］. 北京中国政法大学出版社，2003.3.

完成的，州早于美利坚合众国而存在，国家体系的形成是先有州政府而后才有国家。"美利坚人一面争取脱离大不列颠而独立，一面还同时把各殖民地改建为州创立各种新的政治制度，并调整他们的社会和商业以适应新的条件。"① 到 1774 年底，大多数殖民地建立了地方议会。1775 年 5 月 10 日在费城召开了第二届大陆会议。自 1776 年 3 月始，各殖民地陆续宣布独立。1776 年 5 月 10 日大陆会议建议各殖民地成立独立的州政府，弗吉尼亚和其他殖民地立即着手进行。② 1776 年 7 月 2 日，大会终于同意了近一个月前弗吉尼亚的理查德·亨利·李提出的动议："这些联合的殖民地从此成为、而且理所当然地应当成为自由而独立的一些州（state，邦）。"③ 由此，大英帝国的 13 个殖民地成为了13 个州。事实上，美国各州在极短的时间内撰写和批准其宪法，从第一部宪法——1776 年 6 月的弗吉尼亚宪法问世，到 1776 年底美国各州都已经具备其州宪法。

各州早于美国而成立，而且在独立革命之后的一个时期内在法律上仍是自治的主权单位。这就使得州政府的权力本质与联邦政府的权力本质截然不同。美国各州政府无需美国宪法授予立法或执行的权力，因为美国各州政府拥有邦联时期独立的主权。美国联邦宪法增修条文第 10 条明确规定："本宪法中未授予联邦或未禁止各州行使之权限，皆保留于各州或人民。"除了受到美国宪法和该州宪法的限制，美国各州政府有权制定任何议题的法律。"但是，美国法院的经验与美国大陆国家的形成有密不可分的联系。美国是由十三个法院制度开始的，其中也有不成熟的。这样达到了五五开。为此，美国人不能不从零开始构筑拥有各自独立的上级法院以及独自完善的法律体系的二八开的完整的法院制度。"④

事实上，法院更早于州政府而存在于北美殖民地。美国宣布独立之前，是欧洲移民者的乐园，处于无政府状态。但是，在殖民地时期政党和法律已经诞生，所以美国历史是先有法院，后有州和国家，法律的权威在国家成立之前就

---

① 塞缪尔·埃利奥特·莫里森、亨利·斯蒂尔·康马杰、威廉·爱德华·洛伊希腾堡. 美利坚共和国的成长（第一卷第一分册）[M]. 天津：天津人民出版社，1975.412.

② 塞缪尔·埃利奥特·莫里森、亨利·斯蒂尔·康马杰、威廉·爱德华·洛伊希腾堡. 美利坚共和国的成长（第一卷第一分册）[M]. 天津：天津人民出版社，1975.349.

③ J·布卢姆. 美国的历程 [M]. 北京：商务印书馆，1988.171.

④ 莫诺·卡佩莱蒂. 福利国家与接近正义 [M]. 北京：法律出版社 200.248.

已经确立。"到 18 世纪初，较大的殖民地已创立起法院组织系统：纽约州在 1691 年，马里兰州和马萨诸塞州在 1692 年，宾夕法尼亚州在 1701 年，新泽西州在 1704 年，弗吉尼亚州在 1705 年，南卡罗来纳州在 1721 年。典型的是在纽约创立的法院组织系统，包括：各县的刑事管辖法院，一所与其他小法院合并的听审和判决法院，一所包括一名首席法官、四名助理法官的最高法院。新泽西的法院组织系统与纽约相似，包括：治安法官，一所普通诉讼法院，一所刑事管辖治安法院和一所最高法院。"① 虽然美国独立后，原殖民地时期的法院组织系统模式发生重大变化。"可是，美国法院组织系统的基本因素在革命时期就存在了。在这个基础上才有了后来的发展。"②

罗斯科·庞德先生认为，"我们的司法机构和美国普通法的主体是在 18 世纪后 25 年到 19 世纪前 50 年间建立起来的。"③ 直至 19 世纪初，美国法律体系还没有得到发展和完善。当时的司法审判，完全依靠非专业的法官、行政官员及立法机关，很原始也很不公平，存在偏袒和腐败问题。为了确保司法审判的统一、公平和确定，必须制定司法审判规则和建立体系。因此，美国法律体系形成阶段面临的第一个问题便是必须制定和适用法律规范，建立特定的法律体系并制定详尽的法条。从而使之既能够满足美国社会生活的需要，又尽可能地限制地方执法者滥用权力，并尽量控制政府和官方的行为以最大限度地使个人和社会整体能够和谐共处。"在 1875 年以前，这个问题一直决定着我们法律发展的整个进程，此外，它也决定着我们法院体系和司法组织。其中最主要的一点是，我们一直致力于通过发展判例法来保证一个高效的司法机制。"④ 美国法律体系形成阶段的第二个问题便是通过有意识地将司法审判权分散来体现出它对各个小社区每一位公民的公正性。这样一来，就导致了美国法院体系中一审管辖权法院的多元化和多层级性：许多州既设立了只具有有限司法管辖权的处理小型案件的治安法院和地方初等法院，又有普通司法管辖权法院——既可以受理民刑事案件又可以复审从有限管辖权法院上诉的案件。

"美国在 19 世纪上半叶所采取的适应拓荒者、乡村和农业社会需要的整

---

① 伯纳德·施瓦茨. 美国法律史 [M]. 北京：中国政法大学出版社, 2007.9.
② 伯纳德·施瓦茨. 美国法律史 [M]. 北京：中国政法大学出版社, 2007.10.
③ 罗斯科·庞德. 夏登峻译, 普通法的精神 [M]. 北京：法律出版社, 2001.79.
④ 罗斯科·庞德. 夏登峻译, 普通法的精神 [M]. 北京：法律出版社, 2001.83.

个法院组织系统的发展计划，促进了现代工业和城市社会高效处理诉讼。"①可以说，在美国的法律和司法体制的形成过程中，拓荒者的影响是巨大而深远的。

州与国家法律体系的相互交织和相互影响，构成了"联邦"体制的特征。这是一种双重权力概念，中央国家政府与多元的下级即各州政府之间分享权力。由于上述美国政治体制的独特性，导致了美国司法制度（the judicial system）的极端复杂性。美国设立了平行的州法院系统和联邦（全国）法院系统，两套体系相互补充，各自建立在相同的设想、原则和规训的基础上。实际上，美国整个司法体系有51个不同的司法制度：美国联邦法院制度和美国各州的州法院制度。对于州法而言，美国各州的州法院制度是独立且封闭的，每一个州都有自身以本州宪法为基础的法院系统，每一个州有其给予州法最终诠释的最高法院。

而且，美国的联邦制度在美国司法体制上还造成了混乱，因为二元法院体制不是完全割裂和相互独立的，它们以大量的重要方式相互交叉、相互交织：美国的州法院和联邦法院可竞合审理州法案件和联邦法案件，由此而导致复杂且低效率的情况产生。主要有：法律适用问题、当事人有意选择法院的问题、上诉复审管辖问题及同时在州法院和联邦法院提出诉讼等问题。

由于政治体制的局限性，美国联邦无权统一50个州法院系统，而50个州法院系统更是各自为政。由此便造成美国国内司法的不统一，给美国公民"接近正义"造成了障碍。但是，应当将美国的州—联邦法院体制作为一个整体，亚历山大·汉密尔顿（Alexander Hamilton）强调指出："全国体系和州的体系应当视为一个整体（ONE WHOLE）。后者的法院理所当然在性质上是联邦法律执行的辅助者……"② 有鉴于此，美国律师协会作为非政府组织（NGO）以"推动法律科学的进步，提升司法管理水平并在全国范围内统一立法……"为使命，制定了与法院相关的一系列标准——其中包括《上诉法院标准》。美国律师协会希望通过制定并推行这些标准促进以实现公民的诉权，保障司法的公正统一。虽然《上诉法院标准》为推荐性标准，并无强制力，但是由于美国律师协会在美利坚合众国的强势影响，该推荐性标准与美国律师

---

① 罗斯科·庞德. 夏登峻译，普通法的精神 [M]. 北京：法律出版社，2001. 85.

② Edward Mead Earle. The Federalist, Introduction [M]. New York：Modern Library, 1937. 537.

协会制定的其它标准一样对美国的司法产生了重大而积极的影响。

2.1.3 现实需要：联邦宪法性权利之保障

1787年9月17日，在费城召开了美国制宪会议，《美利坚合众国宪法》（Constitution of the United States）获得了代表的批准，并在此后不久为当时美国拥有的13个州的特别会议所批准。但是，此部宪法存在一些严重不足，它是一部没有宪法权利保障条款的宪法。1789年3月4日，在首都纽约城举行了第一届国会。"1789年6月8日，麦迪森在众议院站了起来，提出了后来成为联邦《权利法案》的修正案。麦迪森的提议涉及了最终包括在前10条修正案的全部条款。他所使用的语言，大部分也最终得到了采纳。"① 而且，"由于会外人民群众的要求，法国资产阶级革命的影响和杰斐逊为首的民主派的斗争，国会到1791年通过了前10条修正案，后来称为权利法案（bill of rights），并成为宪法的一部分。"② 至此，州一级和联邦政府一级政府的基本结构在成文的基本法文件中得到确定。

除此之外，第一届国会还制定了《1789年司法法案》（Judiciary Act of 1789），规定不服州最高法院的判决时得上诉到联邦最高法院，对于联邦各级法院的管辖权、组织和诉讼程序做了详细规定。该法规定最高法院由六名法官组成，在各州设立称为地区法院的具有一般管辖权的初审法院（共13个），并设立三个巡回法院（即联邦上诉法院）。《1789年司法法案》是依据宪法第三条所赋予国会的权力基础制定的。该法自颁布以来已几经修改，其主要内容反映了联邦至高无上的地位。联邦至上的规定至今还保留着。例如，该法第二十五条规定，至少当州法院的判决没有承认联邦的最高权力时，州法院必须直接接受联邦上诉管辖权。这确立了司法复审程序，使得合众国的宪法、法律和条约能实际上成为"全国最高法律"。它实际上削弱了州权。因此，该法代表了联邦党人在政治上的一个胜利。③

建国200余年来，随着社会经济的变化，美国联邦宪法进行过多次增补和修正，迄今为止共有二十七条修正条文。在美国联邦宪法增修条文中有多条涉及司法及公民权利保护和救济。第五条规定了个人在刑事案件和民事案件上的

---

① 伯纳德·施瓦茨. 美国法律史［M］. 北京：中国政法大学出版社，2007. 33.
② 杨生茂、陆镜生. 美国史新编.［M］. 北京：中国人民大学出版社，1990. 114.
③ 彼得·G·伦斯特洛姆. 美国法律辞典［M］. 北京：中国政法大学出版社，1998. 61.

权利；第六条规定了被告在联邦刑事诉讼程序中的权利；第七条规定了民事诉讼之陪审团审判；第十四条规定了公民的政治权和民权。其平等保护条款（the equal protection clause）规定：美国各州不应当剥夺在其管辖范围内任何人之法律平等保护的权利。虽然美国宪法里没有明订可以适用于联邦政府的平等保护条款，美国最高法院已经裁决美国宪法第五条增修条文之正当程序条款（the due process clause）含有限制联邦政府的平等保护条款的构成要素。美国宪法增修条文中有两个正当程序条款：一为第五条第四项，其仅适用于联邦政府；另一为第十四条第三项，适用于美国各州政府。总体而论，美国宪法中的这两个正当程序条款赋予人民在无公平正当司法程序的情况下，不得被美国任何政府——联邦或州剥夺生命、自由或财产的权利。"第十四条修正案是划时代的条款。它造成了两个后果：其一，对权利平等提供了明示的宪法保障。其二，实现公民权利的联邦化。在美国公法史上，后一个结果是至关重要的。"①

除此之外，美国各州亦先后制定了自己的宪法，并且也有相应的权利保护条款。

虽然美国联邦宪法并没有直接规定公民的裁判请求权，但是其第三条第二项关于司法权所及范围的规定，第七条关于接受陪审团审判的权利的规定也都可以理解为对裁判请求权的有关规定，因为司法权所及的范围的事项，当事人当然可以诉诸司法，接受陪审团审判是以裁判请求权为前提的。裁判请求权具体包括两方面的内容：一是诉诸法院的权利，即任何人在其民事权利受到侵害或与他人发生争执时，有请求独立的合格的司法机关予以司法救济的权利；二是公正审判请求权，即当事人在其权利受到侵害或与他人发生争执时有获得法院公正审判的权利，具体包括公证程序请求权和公正结果请求权。② 为了切实保护公民的裁判请求权，上个世纪60年代以来，美国掀起了一股"接近正义"活动的热潮。美国的"接近正义"运动在不同的时期有不同的动向和主题（被喻为"波"或"浪潮"）：在60年代中期，活动的主旨在于改革现行法律制度为贫困者提供法律服务；70年代初，则旨在让消费者或环境保护主义者有机会要求获得"扩散利益"的机会；同样出现在70年代的第三"波"则不仅主张法律权利，也关注处理纠纷的一系列制度，包括纠纷的非讼解决方式

---

① 伯纳德·施瓦茨. 美国法律史［M］. 北京：中国政法大学出版社，2007.100.

② 刘敏. 裁判请求权：民事诉讼的宪法理念［M］. 北京：中国人民大学出版社2003：25～35.

ADR 制度。

同时，通过"接近正义"运动的开展，"美国人在作为通向司法之路的主体的法院在日程上处理迟缓这一问题上有了清楚的认识。其精力不应用于解决到底什么人拥有司法权，而应专注于使司法权的拥有者可以通过法律迅速地解决问题。与其说法院在确保强烈要求进入法院的人的司法权，不如说法院将更多精力和金钱用在了为满足那些可以找到自己通向司法权力之路，具有资力的人的要求上了。"①

美国宪法的权利保护规定，均为原则性规定。然而，"徒法不足以自行"，这些宪法性权利还需要一系列配套的法律制度来保障其实施。美国律师协会制定制定与法院相关的一系列标准，包括《上诉法院标准》，便是要具体落实宪法的精神，通过法院的制度和程序来实现和维护公民的裁判请求权，对公民进行实质的平等保护。例如，《上诉法院标准》关于上诉范围的规定"法院是否正确适用和解释法律规定，是否严肃公正地主持诉讼程序对当事人不存偏见，并且判决是否以有合理证据支持的事实结论为依据"便体现了平等保护条款的精神；关于上诉法院管理的一般原则的规定亦强调："上诉法院应当强化管理以保证公正、迅速且适当地决定案件。"关于上诉法院的组织原则的还规定："但是，在案件关系到公众切身利益时，经过最高法院批准，可直接向其提起上诉。"关于再上诉的规定："案件已经中间上诉法院或是初审法院上诉庭的上诉审理的，则只有案件涉及没有判决先例的问题（of first impression，首次出现的），或是辖区内可适用的权威依据相互冲突，或者，案件对广大民众或司法管理具有重要意义时，才能被允许向高一级法院进一步上诉（再上诉）。"

（州）最高法院的职能是：有选择地复审案件以维持下级法院判决的统一，并根据情况变化和社会需要创造和修订法律。因为，"在美国，法院不仅是主要的解决纠纷的单个部门，还是涉及公共政策的主要组成部分。诉讼也不仅是解决纠纷的方式，还是以公共政策的再形成为目标的政治行为的主要方式。"② 这一行动过程是指通过政治权力的手段的道路，司法也并非通过解决纠纷而得到个人性的正义，而是通过创立新法而得到社会性的正义。

---

① 莫诺·卡佩莱蒂. 福利国家与接近正义 [M]. 北京：法律出版社 2000：257.

② D. Horowitz, The Courts and Social Policy（Washington D. C.，Brookings Institution，1977）

与此同时，这些标准制度的制定也对美国国内的"接近正义"运动作出了回应，以期更好地保障公民的宪法性权利。例如，《上诉法院标准》针对贫困者的诉讼权利保障问题规定了"律师协助制度"包括，法律援助条件、法院依职权指定律师和法援律师的期间等。《法院组织标准》则对"替代性纠纷解决程序（ADR）"做了明确的规定，包括，和解（conciliation）、调解（mediation）及仲裁（arbitration）等制度。

本章对美国律师协会制定《上诉法院标准》的三大主要动因做了简要分析。当然，除此之外，美国律师协会制定《上诉法院标准》也是出于对其他一些因素的考虑，例如，科学技术的进步、社会政治的变化、电脑在法院的普及与运用、复印机等高科技设备的运用以及网络信息技术对司法过程的影响等等。

2.2　《上诉法院标准》的制定与推行

2.2.1　美国律师协会在法院标准制定中的作用

1878 年 8 月 21 日，来自 21 个州的 100 名律师在纽约州的萨拉托加温泉（Saratoga Springs）组建了美国律师协会①（the American Bar Association，缩略形式为 ABA）。现在，美国律师协会已经是世界上最大的自愿性职业组织，有410，000 余名成员。美国律师协会可能亦是世界上最强有力的法律职业组织。它提供对法学院的合格鉴定、法律继续教育、法律信息及为律师和法官提供工作帮助等项目，并致力于推动司法系统的改进。美国律师协会在司法人员的挑选程序中是一个强有力的因素，而且美国律师协会在联邦法官的选任程序中日益扮演着重要作用。1946 年建立了由美国律师协会的 15 个成员组成的联邦司法委员会，该委员会于司法人员提名阶段被大量使用。虽然有关律师纪律事项的主要权力被授予各个州的法院，美国律师协会在管理律师方面并没有直接的法律权力，但它却行使着实际的领导职能。各州的律师协会协助法院管理律师。ABA 的影响力来源于三个方面，其一是成员数量巨大，其二是成员来源的多样性，其三是协会卓有成效的工作，如对法学院的认证，对法官的推荐及

---

① 美国律师协会的资料来源于其官方网站：http：//www.abanet.org/about/？ptc = global_ about _ lead，数据资料引用更新至 2010 年 7 月。

对国会立法的院外活动影响等。

美国律师协会的第一部章程——实际上目前仍是该协会的宪章——明确了成立 ABA 的目的:"推动法律科学的进步,提升司法管理水平并在全国范围内统一立法……"现在,ABA 的使命是:作为法律职业的全国性代表,通过捍卫自由和伸张正义平等地为律师协会成员、法律界及民众服务。

ABA 有四大目标:一是为协会会员提供服务。为他们提供福利、项目及各种服务以期提高协会成员的职业技能及生活质量;二是提升律师行业水平。主要通过促进高质量的法律教育、提高律师的能力及道德以及提升法律界为公众提供服务的水平的方式加以实现;三是消除偏见并增加多样性。ABA 致力于推动全体民众平等全面地参与(接近)律师协会、律师行业及司法系统,并且消除法律界及司法系统中的偏见;四是促进"法治"。这包含五个方面的工作:增进公众对"法治"、法律程序及国内外法律职业的理解及尊重;促使政府依法办事;为正义之法效力,包括人权及正当法律程序;确保所有的人能够真正"接近司法";保持法律界及法官的独立。

美国律师协会成立百余年来,对美国的政治、法律及司法产生了巨大的影响,在维护司法统一、促进司法改革、保障民权、建设法律职业道德、提升法律职业能力等方面发挥了积极作用。早在 19 世纪 90 年代,美国律师协会就建立了一个名为统一州法全国委员会议(The National Conference of Commissioners on Uniform State Law)的附属机构,这个会议旨在制定商法(这个领域一直是法典编纂者所青睐的领域)各个方面的法律规范,从而制定一系列的法律。在 20 年的时间里,已经起草、制定并系统地颁布了六部法律,其中最重要的是《流通票据法》和《统一买卖法》。① 1900 年,在美国律师协会的倡导下,成立了美国法学院协会(Association of American Law Schools),极大地推进了法律教育,提高了法学教育水平。其后,各个州的律师协会开始设立考试机构,设置审查委员会并对申请从业人员进行书面考核。律师资格考试制度的推行,极大地提高了职业能力水平。而且,提高律师能力的努力,也对法院及法官产生了积极的影响。美国律师协会一贯反对法官通过普选方式进行选拔的程

---

① 格兰特·吉尔莫美国法的时代 [M]. 北京:法律出版社,2009.110.

序，先是在 20 世纪 30 年代末提出"密苏里计划"，① 后又在《法院组织标准》中对其进行改进完善，向全美推广。经过不懈的努力，通过选举产生法官的办法日益被其他方式所取代，法官素质亦有了极大的提高。

ABA 在维护司法统一、促进司法改革方面取得的主要成就是制定和推行了一系列的职业准则、审判规范及法院标准。迄今为止，美国律师协会司法管理分会一共制定和颁布了三部与法院有关的标准②：即《法院组织标准》、《初审法院标准》和《上诉法院标准》。最先制定的是《法院组织标准》，该标准首次制定于 1974 年 2 月，规定了州法院的组织机构和管理。标准制定后，引起了较大的反响，一些州开始试行，并在司法组织和管理方面取得了一定的成效。在总结第一部标准的成功经验基础上，美国律师协会又着手制定了《初审法院标准》并于 1976 年颁布。受前两部标准制定并推行成功的鼓舞，美国律师协会于 1977 年 2 月推出了系列标准的第三部也是最后一部——《上诉法院标准》。这一系列的标准主要是为各个州法院系统而编制，并为其所采用。但是，其基本原则亦可适用于联邦法院系统。这些标准试图解决长期困扰州法院的三个核心问题：多年以来存在的资金供给不足、法官遴选和异籍管辖权的永久存在。然而，州法院体系的优化和独立目标的实现，对于所有那些参与二元——联邦 - 州——司法体制的人，对于大多数普通公众，都具有同等重要的利益。

众所周知，美国实行的是三权分立政体，司法高度独立。因此，美国律师协会对各级法院并无管理权限，三部标准都只是推荐性的标准，并没有强制性的执行力。但是由于美国律师协会所享有的极高权威，所以其颁布的标准有较强的参照意义。许多州法院系统都自愿执行或根据这些标准制定了相应的规则。这些标准的执行依赖于法院体系在履行其统一划分确定管辖权职责时的主动性，以使案件得到快速、公正、有效的审理，从而强化司法体系的责任，实现司法的稳定性、确定性及可预见性的目标。

---

① 1940 年密苏里州在选任上诉法院法官时，曾采纳了这一计划。其方法是：法官由司法委员会中的 3 人提名，任职一年后，他们可以不受阻碍地参加下一次竞选。

② 美国律师协会制定的与法院相关的同一系列三大标准是统一编号的，即《法院组织标准》的条文序号是以 1 开头的，例如，标准 1.00 法院组织的目的。《初审法院标准》条文序号以 2 为首。以此类推，而《上诉法院标准》的条文则为 3 开头。为行文的统一和方便，本书所引用的该系列标准亦按此标注，后文不再说明。

然而，美国地域辽阔，各州的具体情形差异巨大。在大多数辖区（州），法院标准制度中的许多提议若要得到执行，则必须先行修订州宪法。而这又有赖于大众的积极共同参与和立法机关的鼎力支持。其他一些改革提议亦需要通过立法才能推行。美国律师协会通过的许多标准，部分或全部地，可为法院和地方律师协会所采纳。而要全面推行这些与法院相关的标准，尚需要所有期望提高美国法院审判质量和效率者之共同努力。

2.2.2　美国律师协会与《法院组织标准》的制定

《法院组织标准》于 1974 年 2 月由美国律师协会代表会议（the American Bar Association House of Delegates）通过，并于 1990 年进行修订。《法院组织标准（1990 年版）》并不必定代表州司法委员会（the State Justice Institute）的政策或观点。书中所附的注释也并不一定代表美国律师协会的立场。只有标准——用黑体字印刷的部分，得到了美国律师协会代表会议的正式批准并作为其官方政策。虽然注释部分是非正式的，但是它是对标准（黑体字部分）的有益解释和补充说明。

该标准的修订获得了州司法委员会和美国律师协会司法与教育基金的资助。标准的成功修订亦是美国律师协会司法管理分会司法管理标准委员会两年来辛勤劳动的结果。

1990 年修订版对 1974 年制定的标准、注释及参考书目等进行了全面更新。修订后的标准反映了 15 年来各方面的进展，例如，法院组织体系的结构与管理、管理理念与司法体系管理的责任、义务与可行性、案件流程管理、法官、行政官及法院职员的继续教育与培训、自动化及其他技术、替代性纠纷解决项目（ADR）、司法能力及评估以及司法体系的资金保障等。

在标准修订过程中，委员会征询了最高法院院长、大法官、中级上诉法院法官、初审法院法官、州初审法院行政管理官员（包括州法院行政管理官会议的一个委员会）、律师界（包括各州律师协会主席或会长，以及美国律师协会各委员会的主席和成员）、学者以及其他对司法管理感兴趣的有识之士的意见。

这些标准与 1974 年的标准一样，来源于"范德比尔特－帕克（Vanderbilt－Park）"司法管理指南。该指南最初只是一些建议，是由首席大法官约翰·J·帕克领导的美国律师协会司法管理分会委员会提出的，指南于 1938 年获得美国律师协会代表会议的通过。后来，经新泽西州最高法院首席大法官亚瑟·

T·范德比尔特的努力，这些建议被美国律师协会司法管理分会增订修改后作为标准。这些建议的正文、背景说明及理论依据在范德比尔特《司法管理最低标准（1949年）》一书中得到阐明。司法管理分会随后颁布的建议对"范德比尔特－吧克"标准做了补充，并专门出版了《司法审判管理的改进（1981年第6版）》一书。美国律师协会司法管理分会还通过其委员会和政务会议持续不断地提出有关法院组织、管理及程序的建议。正如前文所述，司法管理标准委员会为此作出了不懈努力。

在州法院国家中心（the National Center for State Courts）及ABA司法管理分会的共同努力下，有几个州推行了1974年标准。州法院国家中心还为司法管理分会的标准执行委员会提供了人员及后勤服务支持。与此同时，司法管理标准委员会还成立了一个专门委员会，负责协助修订后标准的推行。

2.2.3 美国律师协会与《初审法院标准》的制定

《初审法院标准（Standards Relating to Trial Courts）》首次制定于1976年并于同年获得了美国律师协会代表会议的批准。美国律师协会随后分别于1987年和1992年对《初审法院标准》进行了修订，现在适用的是1992年修订的第三版。该标准的制定和修订均获得了美国司法部法执行援助机构、福特基金以及美国律师协会提供资金鼎力支持。

一般而言，初审法院的管理比上诉法院更复杂。因为，即使是任务非常繁重的上诉法院，它所受理的案件的数量及种类也远远少于初审法院。而且，初审法院判决的作出牵涉到一系列的交际媒介——口头和书面证词及辩论、开示的证据、专家证人和顾问的运用。《初审法院标准》针对美国各州的初审法院（事实审法院）多元化、多层级的状况，提出了将初审法院建设成立为单一层级的法院的目标，着眼于司法的统一、公正和高效。《初审法院标准》建议，初审法院应当拥有管辖所有一审案件的权力，但上诉案件及专属于行政机关处理的事项除外。因此，初审法院可以管辖下述案件：

①刑事案件。法院应当有权管辖所有的刑事案件，包括，重罪（felonies）、轻罪（misdemeanors）、准刑事犯罪（quasi－criminal offenses），并贯穿案件审判程序的所有阶段从搜查、逮捕或初次出庭到终局判决直至定罪后的救济；

②民事案件。法院应当有权管辖所有的民事案件，包括，一般的私人当事人诉讼、政府或其机关提起的诉讼、针对政府或其机关提起的诉讼、简易程序

及小额诉讼程序、遗产继承诉讼及征用权诉讼；

③家事案件。法院应当有权管辖所有的家事案件，包括，所有涉及家事关系及青少年事项的案件。

《初审法院标准》内容广泛，规定了与初审法院案件审理及与法院管理有关的各个方面。主要包括：公正高效审理案件的一般原则、刑事案件的审判程序、民事案件的审判程序、陪审员的选任、管理及其权利义务、法律援助、当事人不请律师时的处理、初审法院运营的一般原则、法官及辩护律师的职责、法官的失格（回避）、首席法官的职责、法官的指派、法院间的协作、初审法院法律职员的职责、初审法院的行政管理、初审法院的记录与档案、开庭审理时的语言使用及翻译、法院秩序的维护、事件处理的一般原则和方法、特别程序、小额案件的审理程序、交通案件的审理程序、对醉酒者的处理程序、未成年案件的审理程序、案件的移转以及案件的审结期限等等。

《初审法院标准》推行近 40 年来，取得了良好的效果。该标准得到了大多数州的适用并且为联邦初审法院所参照，极大地促进了全美范围内司法的统一、公正与效率。但是，这些标准推行的成功取决于各州法院体系在履行其统一划分确定审判管辖权职责时的主动性，只有这样案件才能得到快速、公正、有效的审理，从而最终使得司法体系的责任得到强化。

2.2.4　美国律师协会与《上诉法院标准》的制定

上个世纪 60 年代以来，美国各州的上诉法院都遭遇了工作量急剧增长的问题，这就要求增加法院实际可利用的资源，包括人力和物力资源等。虽然上诉法院工作量增加的原因复杂多样，但是，有一些是可确定的。在刑事诉讼方面，对刑事案件被告程序性保护的持续关注、强迫接受死刑及量刑指导的增加导致了刑事上诉案件的增多；在民事案件方面，为满足现代社会的需求，法律、规定及规则大量增加，而这些都需要法院加以解释运用。这一活动导致了民事上诉案件的大量增加，它亦包括法院立法的增多、对政府决定的审查增加及上诉增加。民事上诉案件大量增加的其他原因还有初审法院审理案件的增加及社会和经济问题大量转换为法律问题和宪法问题。

对上诉法院的需求的增长既反映了民众广泛关注通过上诉审保护法律权利，又反映了律师的关心，尤其是在刑事案件中，如果不能上诉，当事人（被代理人）可以提起玩忽职守之诉。由于此类问题受到强烈关注，上诉法院在面对前所未有的案件量与有限资源的矛盾时，必须应用一些有效程序和管理方法以确保职能的正常行使。

不仅上诉案件的数量增加了，而且案件种类也越来越多。许多案件牵涉极端复杂的实体问题、新奇的法律问题或者有深远影响的政策问题；而另外一些案件之所以被上诉，是因为上诉人为了延迟审判判决的最终作出。待审案件之间存在的这种差异和不同，要求上诉法院应用程序及管理方法，以使其能够在一些简单问题上少花精力，从而集中精力关注复杂案件。须特别注意的是，上诉法院还必须避免草率行事或是表现为如此，因为它有悖于上诉审查宗旨。

面对这些复杂的要求，上诉法院必须加强对案件流程的控制和管理。在上诉法院，正如初审法院那样，案件流程管理不力将导致诉讼迟延，通常的情形是作出上诉判决所花的时间超过了一审法院判决的时间。在此背景下，一场声势浩大的法院变革运动在全国范围内加以展开。美国1991年就制定了《民事司法改革实施纲领》，以加强法官对诉讼程序的管理，率先在普通法系国家推行管理型司法，英国和其他普通法系国家也都在酝酿和进行着同样的改革。①不仅如此，还必须鼓励法院继续关注变革，一旦实施，就应当确保预定目标的实现。上诉法院与初审法院一样，必须按照案件的复杂程度将其分类，并给予各类案件恰如其分的关注。对上诉案件的强有力的管理应当有助于根据各个案件的实际情况进行认真审理。

一般而言，上诉法院行政管理的纯管理方面工作没有初审法院的那么复杂。因为即使是任务非常繁重的上诉法院，它所受理的案件也远远少于初审法院。初审法院判决的作出牵涉到一系列的交际媒介——口头和书面证词及辩论、开示的证据、专家证人和顾问的运用。与此相对的，上诉法院的工作几乎全部是由书面文件审查（摘要和记录）、法律争点的考量及法律文书的解释等构成。然而，就某一些方面而言，上诉法院的管理更复杂。因为，司法实践中上诉法院判决的作出均须涉及三名或更多法官的集体活动，须要参审法官的全面参与和协作，还需要当事人的律师及法院职员的参与，这要求各方参与者严格遵循程序规定及管理政策。

上诉法院有两个主要的司法职能：复审初审法院对单个案件的判决，以及形成和发展法律。前者是中间上诉法院的主要职能（目前美国有40个州设立了中间上诉法院），后者是终审法院的职能。在设立了中间上诉法院的州，向

---

① 朱颖. 国际民事诉讼程序统一立法研究 [D]. 重庆：重庆大学法学院，2007.95.

最高法院提起上诉通常是通过申请复审进行。在这些州，向最高法院上诉的权利应当仅仅是死刑案件和数量有限的其他案件的当事人才能享有。

这些标准主要是为各个州上诉法院制定的，但是对于联邦上诉法院亦有价值。值得强调的一点是：上诉审判的质量在很大程度上是由给予所有那些除直接当事人外任何人都不感兴趣的案件的关注所决定的。"一个质量上乘、真可获得的、独立的州制度对于州－联邦法院体制的有效功能的发挥明显具有重大意义。"①

尽管许多州的最高法院还负责律师执照颁发、法律继续教育及纪律监督等工作，但本标准对此未作规定。这些标准只是规定了上诉法院的司法管辖权及其他直接相关的事项。

《上诉法院标准》涉及上诉法院的管理和程序，是司法管理标准项目的第三部分也是最后一部分。1977年2月，美国律师协会代表大会（the House of Delegates of the American Bar Association）第一次批准《上诉法院标准》。1994年8月，美国律师协会对其进行了修订，并获得美国律师协会代表大会通过。《上诉法院标准》1994年版并不必然代表州司法委员会（the State Justice Institute）的政策或观点。

《上诉法院标准》与其他两部标准一样，由标准条文及注释两部分组成。标准正文（以黑体字印刷）得到了美国律师协会代表大会的批准并作为其政策；注释部分是非官方的，并不必然代表美国律师协会的官方观点。但是，仍可以作为对标准（黑体字部分）的有益解释。

2.3　对法院标准推行适用情况的考察

前已述及，美国律师协会的三大标准都是推荐性的。各州可以完全采纳或部分采纳，也可以参照适用。本文拟对标准中的一项——时间标准进行考察，以研究美国律师协会制定的法院标准制度尤其是上诉法院标准在各州法院的推广适用情况。之所以要以时间标准为考察对象，一是因为时间标准比较直观，各州是否采纳一对照比较便知，而其他标准内容则比较抽象，较难判别采纳与否；二是笔者研究的时间和精力有限，无法面面俱到，以时间标准作为典型，

---

① 弗兰克·M·柯芬. 美国上诉程序 [M]. 北京：中国政法大学出版社，2009. 48.

便可以点带面基本把握法院标准的实施情况；三是，美国的上诉法院亦常常通过下述指标来确认其组织目标或职能的实现情况，包括：审判过程的质量、及时有效的案件管理、组织的有效性及统一性以及保持并提升公众对司法体系的信任。

根据统计，到 2007 年年末，共有 41 个州和哥伦比亚特区采用了某种形式的时间标准，比 1995 年时多了八个州。这些州分别是：阿拉巴马州、阿拉斯加州、亚利桑那州、阿肯色州、加利福尼亚州、科罗拉多州、康涅狄格州、特拉华州、佛罗里达州、夏威夷州、爱达荷州、伊利诺伊州、爱荷华州、堪萨斯州、路易斯安那州、缅因州、马里兰州、马萨诸塞州、明尼苏达州、密西西比州、密苏里州、蒙大拿州、内布拉斯加州、新罕布什尔州、新泽西州、新墨西哥州、纽约州、北卡罗来纳州、北达科他州、俄亥俄州、俄勒冈州、罗得岛州、南卡罗来纳州、得克萨斯州、佛蒙特州、弗吉尼亚州、华盛顿州、怀俄明州、哥伦比亚特区。

而且，有些州还专门制定了有关上诉法院案件处理的时间标准。截至 1995 年年末，12 个州制定了自己的上诉法院时间标准。到 2002 年秋天，20 个州为其上诉法院制定了案件处理时间标准。而到了 2007 年岁末，哥伦比亚特区也加入到了它们的行列。实行了上诉法院时间标准的司法辖区有：阿拉巴马州、阿拉斯加州、阿肯色州、特拉华州、佛罗里达州、夏威夷州、爱达荷州、伊利诺伊州、路易斯安那州、密歇根州、明尼苏达州、密西西比州、密苏里州、蒙大拿州、新罕布什尔州、新泽西州、新墨西哥州、俄亥俄州、罗得岛州、佛蒙特州、弗吉尼亚州及哥伦比亚特区。

1983 年州法院行政管理主任会议（COSCA）① 采纳了案件处理的时间标准，分别规定了民事、刑事、未成年犯罪及家事案件的审结时间。美国律师协会（ABA）也在 1987 年的《初审法院标准》中提出了这些类型案件的处理时间。此后，各个州都要么以 COSCA 的标准为范本，要么以 ABA 的标准为参考，制定了自己的标准。迄今为止，许多州还对其自己的标准进行过修定。

下面具体探讨一下美国律师协会所制定的时间标准的实施情况。四个州采

---

① 法院行政管理主任会议（The Conference of State Court Administrators，缩略形式为 COSCA），成立于 1995 年，致力于改进和提升法院体系，其成员由来自哥伦比亚特区特区、波多黎各、美属萨摩亚、关岛、北马里亚纳群岛、维京群岛及五十个州的法院行政管理主任或类似职务官员组成。

纳了美国律师协会提出的有关重罪审结的期间标准，分别是：特拉华州、明尼苏达州、俄勒冈州和弗吉尼亚州。五个州采用了美国律师协会提出的民事案件审结期间标准，它们分别是：加利福尼亚州、俄勒冈州、华盛顿州、弗吉尼亚州及哥伦比亚特区。而马里兰州，则依照美国律师协会的标准并结合本州的规则和实际情况做了部分调整，在 2001 年制定了自己的案件处理时间标准。虽然佐治亚州没有制定案件处理时间标准，但是它实际上是采用美国律师协会 1992 年制定的《及时处理案件标准》来把握案件处理时间的。对于未成年犯罪案件，COSCA 和 ABA 的标准基本相同，爱荷华州和得克萨斯州采纳了该标准，而夏威夷州则仅仅采纳了其中有关拘留听审（detention hearing）方面的标准。

尽管采用了 1988 年 ABA 制定的 280 日时间标准，美国各州都对其进行了一些修改。弗吉尼亚州的时间标准与 ABA 的最接近，它规定总的目标是 280 日，但是允许期间根据是否需要副本及法庭意见是否出版公布而有所延长或缩短。[1] 1986 年，爱达荷州第一个采纳了时间指导原则。从那时起，多个州，包括路易斯安那和阿拉巴马州，致力于采纳适合于他们各自特殊情形的时间标准。

综上，截至 2007 年，对于各州的司法系统（包括初审法院、上诉法院及最高法院）而言，总共有 14 个州完全或部分采纳了美国律师协会制定的案件处理时间标准。[2] 考虑到其他一些州是参照或执行别的组织，例如州法院行政管理主任会议制定的时间标准，而这些标准与美国律师协会制定的时间标准并无本质的不同，只是具体的期间要求有少许差异的情况，因而笔者认为，美国律师协会制定的标准制度，在各州法院的实际运用要广泛得多。

---

[1] Bernard G. Barrow, "The Discretionary Appeal: A Cost Effective Tool of Appellate Justice," 11 *Geo. Mason U. L. Rev.* 31 (1988).)

[2] NCSC. Case Processing Time Standards in State Courts, 2007. ［EB/01］. http: // ncsc. contentdm. oclc. org/cdm4/item_ viewer. php? CISOROOT =/ctadmin&CISOPTR = 1409&CISOBOX = 1&REC = 1］

第三章

《上诉法院标准》的主要规则

　　《上诉法院标准》包括条文、注释和参考文献，凡 134 页，洋洋洒洒近十万字，涉及上诉法院审判、组织及管理等 10 个方面。由于文章篇幅所限，只能择要述之。笔者在认真学习研究《上诉法院标准》的基础上，将条文和注释加以有机地结合，并根据条文内容对顺序作了一些调整。下面分别从 8 个方面简要阐述《上诉法院标准》的主要内容：

3.1　上诉法院组织原则及构造

3.1.1　组织原则

　　为司法统一目的，标准确立了上诉法院的两条组织原则：

　　（一）最高法院或最高上诉法院，有权复审所有可审判的争议和案件，无论其性质和标的额如何。在设有中间上诉法院的州，只有死刑案件（capital case）① 和数量有限的其他案件可以向最高法院上诉；但是，在案件关系到公众切身利益时，经过最高法院批准，可直接向其提起上诉。最高法院为维护其上诉管辖权及对下级法院的监督权，拥有对有关发布训令、禁令、命令及类似救济的一审管辖权。而且，它还拥有对法官及律师的最终纪律处分权；

　　（二）在设有中间上诉法院（Intermediate Appellate Courts, ab. IAC）的州，中间上诉法院有权审理所有种类的案件。与最高法院相似，为维护其上诉管辖权及监督权，它也对发布训令、禁令、命令及类似救济的一审案件有管辖权，但是须受制于最高法院。除前述（一）中的特别规定外，作为一种权利

---

　　① A "capital case" includes life imprisonment without parole.

的（强制性）上诉一般只能向中间上诉法院行使。

在美国，上诉法院有两项基本职能：复审单个案件以确保审判的实质公正；形成和发展法律体系内普遍适用的法律。在不设中间上诉法院的州，这两项职能都由最高法院或类似性质的其他名称法院行使。在设有中间上诉法院的州，这些职能被严格区分。中间上诉法院的主要职责是复审单个案件，其次是在最高法院规定的框架内发展法律；① 最高法院的职能是：有选择地复审案件以维持下级法院判决的统一，并根据情况变化和社会发展需要创造和修订法律。

3.1.2 内部组织结构

① 最高法院

在就案件是非曲直（实体问题）进行审理和判决时，最高法院须由全体法官出庭进行满席听审。除了那些由于某种原因失去资格（须回避）或不得不缺席者外，法院的全体成员均须参加审判。最高法院不得以审判庭或分院的形式审理案件，无论是固定的还是轮换的；或者，将审理和判决的权力授予官员，例如，专员（commissioner）。

上诉法院内部组织的设计应当确保各级法院履行其在法院系统内的职能。最高法院的主要职能是确保下级法院适用法律的一致性。为此目标，此类法院由五至九名有不同阅历的法官组成较为适宜。在审议和决定法律问题时，最高法院全体法官均应当参与，以使最高法院集体的专业性智力资源优势体现于法律发展中。若将其分成几个合议庭或分院，则有可能导致冲突或决定的不一致。

② 中间上诉法院

在就案件是非曲直（实体问题）进行审理和判决时，中间上诉法院应组成合议庭——至少由三名法官构成。合议庭成员须定期更换，至少一年一次。若中间上诉法院的审判庭成员长期固定不变，则它有可能变成实际上独立的多个"法院"，其后果是决定不一致和程序政策及审判实践的矛盾。在一些如此组织的法院，各个审判庭办结案件的期间差别很大，进一步导致对待当事人的不平等。合议庭成员定期而随机地进行轮换可以减少这些问题，使法院成为一

---

① 监督初审法院审判的工作主要由中级上诉法院进行，它每年受理成千上万较为普通的案件。

个整体，而不是单个审判庭或分院，受关注的亦不再仅仅只是法官及法院职员的忠诚和个性。设立多个合议审判庭的法院应当努力确保决定的一致性，但是保证判决一致的最终职责由最高法院承担。

在一些设立中间上诉法院的州，只有唯一一家中间上诉法院，其合议审判庭可以在州内任意地区审判案件。通常做法是，编定各个地区待审案件口头辩论（oral argument）日程表。运用这一处理方法，法院便能在州内各个地区巡回审判而不仅仅局限于首府，从而既节约律师的时间，又节省当事人的费用；在其他州，每几个区设立一个单独的中间上诉法院。但无论其组织结构如何，每个独立的上诉法院都应当将法官组成三人合议审判庭。上诉的基本概念即是将问题提交集体审判决定，而不是仅仅用单个上诉法官的意见取代单个初审法官的意见。①

法院根据办案需要，可以通过增加法官人数来增加合议审判庭的数量。一些中间上诉法院有四到五名法官，他们轮流参加合议审判；而与此同时，一些法院有 12 名或更多的法官同时在不同的审判庭工作。采取何种安排必须依据当地的具体情况，例如法院受案数量，以及是否出于地理位置的考虑，而在不同地方设立分院或有独立办公地的部门。

③ 保持决定的一致性

上诉法院实行合议审判制，因而应当制定一些基本程序以减少不同合议庭间决定相互矛盾的可能性。

联邦上诉法院、州中间上诉法院及那些采取合议制审判的州最高法院偶尔也会举行全席听审，其目的在于使法院作为一个整体能够解决不同合议庭在某一问题上观点的不一致。实行合议审判的州最高法院迫切需要这一解决方式。联邦上诉法院同样也有这种需要，因为它们有维持巡回区适用法律一致性的职责，也因为联邦最高法院审理案件数量有限，无法有效履行维持法律适用统一性的职责。在少数几个州，中间上诉法院与州最高法院的关系亦是如此，以至于中间上诉法院必须担当维护决定一致性的职能——与联邦上诉法院的职能类似。在大多数设有中间上诉法院的州，由州最高法院进行第二次复审不仅可以

---

① 对既有的公认模式——上诉合议审判庭应当至少由三名法官组成——的挑战，新泽西州成功地向我们展示了许多中间上诉案件可以由两人合议庭处理。参见阿兰·含德勒的 1979 年发表在《薛顿贺尔大学法律评论》第 10 期的文章：《中间上诉法院的司法：新泽西州上诉制度》。

解决中间上诉法院不同区域分院之间的决定冲突，也可以解决同一分院内不同合议庭之间的决定冲突。因而，举行全席听审的必要性的大小取决于特定的上诉法院系统组织结构，也取决于该系统的案件受理量，还取决于维护法律适用一致性职责的分配与担当。

若法院的合议庭能够将其它合议庭的决定作为有拘束力的先例对待，而且若分院或分部（或者是联邦法院系统的巡回区）能够给予其他分院或分部先前的判决以特别尊重，则有助于维护中间上诉法院决定的统一性。尊重同级法官的决定并不是禁止不同的审判意见。通过在法庭意见中发表适当声明的方式，可以表明不同意见，请求上级法院解决。这种方法尤其适合于法律解释问题及有关规范行政机关活动的法律问题。

3.2 上诉权与上诉审构成

3.2.1 上诉权

若案件审理是进行了记录的且判决以记录为依据，则诉讼当事人有权对终局判决提起一次上诉，除非以下几种情况：① 应当对标准 2.75 所规定的小额民事案件及 2.01 所规定轻微刑事案件的上诉审理加以限制，以防止诉讼迟延及费用过高。此类案件必须在终局判决作出后方可上诉，并且应当获得上诉法院的批准。同样的，对轻微刑事犯罪定罪的上诉须经上诉法院的批准（自由裁量）。② 刑事案件的控诉方只有在《刑事审判标准》（*Standards Relating to Criminal Justice*，美国律师协会 1980 年颁布，第二版）21 - 1.4 规定的情况下才有权上诉。③ 案件由记录法院审理的，则未经过法律训练的法官决定的事项应当提交一般管辖权初审法院重新审理。按照本条第①款的规定，随后还可以提起上诉。

上诉的权利，尽管从来未被纳入美国宪法的正当程序保证的范围，但是，在美国，众所公认它是程序公正的基本因素。该权利应当授予那些在初审程序中权利受到侵害的当事人。为确保初审法院审判程序的完整并防止复审的干扰，上诉权只能够针对案件终局判决行使。但是，当事人可以对初审法院的中间命令提起复审（on a discretionary basis），条件是经过上诉法院的批准（自由裁量）。详见后文 3.2.6 部分。

当事人应当有权针对政府机关和委员会的决定提起司法审查（review）。

复审（议）这类事项会遇到一些本标准未涉及的特殊程序问题。复审小额民事案件及复审轻微刑事案件亦会遇到特殊问题。上诉复审这些案件的规则，与初审这些案件的规则一样，应当使当事人的诉讼费用及法院的负担与争议事项的重要性成比例（相当）。因此，标准2.75规定的上诉复审是法院的自由裁量权力而不是当事人的一种权利。复审轻微刑事案件涉及其他一些因素，因为它的刑事性及关系到州的起诉权。因而，在这种情形下，当事人能够有机会通过对诉讼记录提起上诉的方式获得复审是适当的。

美国宪法修正案第五条的双重危险条款，以及州法的相似条款，限定了公诉方对刑事案件的终局判决或其他命令进行上诉的情形。

3.2.2 首次上诉

在设有中间上诉法院或是（标准3.00所规定的）初审法院上诉庭的地区，上诉应当首先向其提起而不是向最高上诉法院提出，除非是死刑案件或者是数量有限的其他案件，或者是符合3.2.4的特别规定。

在一个设有中间上诉法院的司法系统中，当事人不得就初审法院的判决直接向最高法院上诉。原因就在于须明确中间上诉法院与最高法院职能的区别，树立中间上诉法院的权威，强化其职责。这也是遵循诉讼必须尽快了结以消除不适当迟延的原则的需要。

中间上诉法院的主要职责是监督初审法院诉讼过程中适用已有法律和程序的一致性。它们履行这一职责的能力（资格）不会因为某一案件或某一类案件对公众有特别意义而降低。除3.2.4规定的有限情形外，授予直接向最高法院上诉的权利的规定，不可避免地会导致对最高法院资源的不当占用，而且为了扩大或限制这些规定的适用有时候会曲解程序规定。

3.2.3 再上诉

案件已经中间上诉法院或是初审法院上诉庭的上诉审理的，则只有案件涉及没有判决先例的问题（of first impression，首次出现的），或是辖区内可适用的权威依据相互冲突，或者，案件对广大民众或司法管理具有重要意义时，才能被允许向高一级法院进一步上诉（再上诉）。此种复审只能依一方当事人申请而进行，由最高法院或最高上诉法院自由裁量决定是否受理，故又称为"任意复审（discretionary review）"。

除死刑案件和数量有限的其他案件外，最高法院复审案件只能在中间上诉法院复审后，而且只有在最高法院确定此类复审为正当时。在多层级上诉系统中，最高上诉法院的基本任务是妥善分配其有限资源。它在这一方面所做判断不应当受到那些允许某类案件全部可以进行后续复审的规定的约束。这同样适用于中间上诉法院受理已经被低级上诉法院复审过的案件时所行使的自由裁量权（在某些州，一般管辖权初审法院可以复审治安法官和简易法庭审理的案件）。

3.2.4 最高法院直接复审

应当制定有关规定，在案件对民众有直接而重大的意义时，经最高法院批准，案件由其直接复审。程序规定应当明确，此类问题在低等上诉法院待决时，依一方当事人申请或最高法院提议，可以直接提交最高法院。

最高法院可以自由裁量决定，涉及公共利益的急迫问题或是属于 3.2.2 规定的事项，可以直接由最高法院复审。

3.2.5 上诉审理范围及上诉理由

①上诉审理范围

上诉法院在审查初审法院的决定时须确定：法院是否正确适用和解释法律规定，是否严肃公正地主持诉讼程序以确保对当事人不存偏见，并且判决是否以有合理证据支持的事实结论为依据。不得审议初审时未提出的问题，除非是为防止明显的不公正所必需或是涉及该法院的管辖权或下级法院的管辖权。初审法院可以评估相互矛盾的证据并解决从证据中产生的推论矛盾，其自由裁量权理应受到尊重。

在判定争议问题时，许多可适用的规定均明确要求初审法院行使自由裁量权。指导审前程序的规定及初审法院自己制定的规则更是如此。而且，指导量刑、其他处罚及补救措施的规定亦是这样要求的。

初审法院行使此种自由裁量权时，应当遵循一定程序和标准以确保结果的一致。对初审法院的自由裁量决定进行上诉复审亦应当以此为目的。上诉法院不应当简单地审查初审法院是否以同样的方式作出了自由裁量，或是仅仅得出初审法院是否在某一特定情形下滥用自由裁量权的结论。相反地，当滥用自由裁量权问题被提出后，上诉法院应当发挥指导职能，明确其认为重要的因素，并指明初审法官可以自由行动的选择范围。只有在此种特定情形下，上诉法院才能作出有关初审法院是否滥用了自由裁量权的决定。

　　一般而言，对上诉法院复审范围只能做一般性规定。在指导上诉法院复审各种法律冲突和判断初审法院的不同职能方面，不存在明确单一的规定。但上诉法院的复审权力受三条基本原则的限制：第一，事实判定是初审法院的职责，上诉法院只需确定（初审法院）事实结论是以有力证据支撑为基础的。该原则反映了诉讼经济的要求。事实问题每个案件各不相同，而法律问题的确定则对今后审判具有指导意义。更为根本的是，赋予初审法院事实判定权的首要因素是承认公正解决事实问题依赖于对证词及对与争议事项有关的多个证据的证明力的第一手（直接）评价。初审法院程序要求证据在证据交换会议时口头提交——始于开场陈述，终于全面总结（closing argument，终结辩论），这有助于直接评判证据。与此相对的，上诉法院只有证据的书面记录而且通常只选择性审理下级法院诉讼程序中的一段。若上诉法院代替初审法院决定事实问题，则会损害初审法院的权威，而法律制度正是通过初审法院直接向那些运用法律程序解决纠纷者灌输的。

　　第二个基本原则是，上诉法院是复审法院而不是一审管辖法院。其任务是审议初审法院的决定是否适当，而不是考虑若案件以不同的方式提出，能否有其他判决。有关上诉法院只审议那些在初审法院提出过的问题的规定阐明了该原则。该规定要求当事人应当向初审法院全面提交案件，因而强化了初审法院的权威并减少了上诉的可能。若忽视该规定，则初审法院程序便会从审判变为一种"审前会议"。因此，应当严格遵守该规定，除非是会出现明显不公正的结果。若上诉法院出于上述理由审议一个未在下级法院提出过的问题时，它应当将案件发回重审以便该问题能向初审法院提出，除非可以根据记录公正地决定该问题而且根据客观情况可以直接作出决定无须将案件发回。

　　确立上诉法院的正当职能的第三个基本原则是，只有在诉讼程序中的法律错误对当事人的利益造成实质损害时，上诉法院才能干预初审法院的判决。审判是一种互动，无法预先计划将要发生的事件。审判过程中，法官必须频繁迅速地作出决定，通常不可能像律师那样精心准备。技术错误或不合规则的判决的影响往往只是一种推测。① 无论如何认真，这些不确定的因素都会出现在每一次审判中。若不能正确认识到这一点，则在上诉复审中，很少有判决能够经

---

　　① "无害错误"原则（harmless error）是指那些在上诉法院看来对当事人的权利没有重大偏见性影响的错误。"无害错误"并非推翻判决的依据。

得起上诉。这样一来，上诉便成为一种设计——其真正的目标在于重新决定初审法院的审判结果。因此，确保技术规范化的目的必须与保持司法系统作出有效的终局判决的能力的目的相调和。然而，当上诉法院遇到那些虽然对案件无害却不应当被容忍的不合规则的程序错误时，其意见可能会对未来的案件审判有指导意义。

②上诉理由

有关法律理由书（案情摘要，brief）的规则应当为当事人提供足够的机会以书面形式提交意见（论据）。规则应当规定纸张大小、法律理由书的篇幅及编排格式等，以利于法院快速而全面地知悉待决问题。

法律理由书应当包含：有关下级法院审判程序的声明、提出的问题、相关的事实、有关可上诉性的管辖权声明、上诉复审的适当标准、当事人的争议及权威依据、所提及或包括的当事人认为有助于法院了解争议问题的记录的一部分。

在美国的上诉法院，法律理由书是当事人向法院提交争议的主要手段。而在其他一些普通法国家的上诉程序中，上诉法院主要依靠口头辩论知悉案件，很少使用法律理由书。尽管这种程序有其吸引力，但是它不准确且耗费时日，尤其是当上诉广泛涉及下级法院的记录或大量引用法律权威根据时。上诉审判质量和效率的真正提高并不需要通过废除法律理由书，实行全面的口头提交来实现。若法律理由书提交得当，则法院完全可以快速全面知悉待决问题。

当事人补充法律理由书：

法院若通过先前提交的法律理由书或口头辩论未能全面了解案件事实、争议问题或相关权威根据，或者由于其他原因法院认为补充提交法律理由书可能有助于作出一个适当决定，则应当要求当事人补充提交法律理由书。有律师代理时，当事人不得自行直接提交法律理由书。

人们期望律师能够提交全面明晰地陈述相关事项、权威根据及决策参考意见的法律理由书。称职的律师通常希望有机会澄清那些法院认为需要进一步提交法律理由书说明的问题。律师首次提交的法律理由书有严重缺陷的，将受到训诫，并须提交新的法律理由书。法院对法律理由书的质量进行例行的常规检查并在发现问题时及时要求补充提交，便能够建立可实质提高其决策工作质量的标准。

非当事人提交法律理由书（法庭之友）：

在双方当事人同意的前提下，上诉审判过程中，案外人作为法庭之友可以提交法律理由书。① 政府机关和利益集团可以成为法庭之友。当案件涉及一个有关某一法律的效力、解释及适用等重要问题，执行该法律是某个政府机关的职能但是该机关却不是当事人时，法院可以要求该机关就涉及的问题提交法律理由书；当案件涉及事关一般公众的问题时，法院可以允许代表那些可能受法院决定影响者（通常为某一利益集团）的法庭之友提交法律理由书。

法院应当对非当事人提交的法律理由书的数量及篇幅长度加以限制，而且此类法律理由书应当送达当事人以便其有机会回应。非当事人只有在例外情形下才允许提交口头意见。

上诉法院必须解决牵连普通公众利益的问题——常常涉及政府机关的活动或影响到案件当事人之外其他人的利益——愈来愈多，亦愈来愈频繁。在这类案件中，尽管妥善解决直接的争议应当以直接当事人提交的材料为基础，但是判决的根据及范围应当充分反映案件的广泛影响。因而，由那些可能受到案件判决之影响者提交法律理由书往往是有帮助的，有时还是必需的。在那些影响到政府机关的案件中尤为重要，因为它们的职责及权力的基本依据是对可适用于其活动的法律的解释。出于类似考虑，那些涉及特别或专门技术的复杂性问题的案件，例如，那些由复杂的法律规定处理的案件，亦需要法庭之友提交法律理由书。由法庭之友提交的法律理由书可以提高法院对案件的认识，降低其对内部研究及审议资源的依赖。

3.2.6 可上诉的判决和决定

①终局判决

通常，只有在原审法院作出终局判决后，当事人才能上诉或请求复审。

根据终局判决规则，上诉法院对下级法院命令（order）的复审，只能在对终局判决进行上诉审查时才能实行。对于复审初审法院的判决（decisions），该规则有着重大的实践意义，但是它亦适用于对低等上诉法院的决定（determinations）的复审。它阐明了一个基本的程序原则。授予当事人对非终局判决

---

① 它通常是由诉讼之外的个人、公司、政府单位或者团体所写的信件，他们并不是诉讼的当事人，但是却对偏向其所拥护立场之外之判决结果有着强烈的兴趣。法庭之友这个概念的原初含义早已经消失——即它"并不支持任何人，而只是给法院提供信息"。法庭之友制度的设置使得一些利益集团，尽管同诉讼无关，却能够通过书面声明或者参与口头辩论，或者同时通过这两种方式参与诉讼。

的命令（order）上诉权，将会干扰下级法院的诉讼程序，并将使对一个案件的复审支离破碎。更有甚者，这样的规则将会导致不必要地复审一些下级法院作出终局判决后将变得无实际意义的或非实质性的问题。而且，它亦容易导致诉讼迟延。

终局判决规则通常有一些例外，即允许对某些类型的中间命令提出上诉。设立此类例外的理论依据是，某些类型的命令对当事人和平而正确地解决诉讼造成严重影响，以至于必须授予当事人即时上诉权以纠正错误。

②中间复审

对于处理全部诉讼请求的终局判决之外的其他命令，只有在获得复审法院批准时才能提起即时中间上诉。要进行复审，法院须先确定命令所依据的法律问题的解决将：有助于提前结束诉讼或阐明后续诉讼程序；使一方当事人免受实际且无法弥补的损害；阐明司法管理中一个关系一般民众的问题。

解决中间上诉问题的途径可以通过一个双重规定来阐明：上诉权只能对终局判决行使，但是在即时复审为正当的特定情形下，上诉法院可以自由裁量决定复审中间决定。在这种方法中，"终局判决（final judgment）"应当严格定义。当事人可以有权对其提起上诉的"终局判决"，应当是指确定了诉讼中所有权利主张的判决，或是一个包含处理的命令，例如，对藐视法庭的惩罚，在它是应当立即执行而不是推迟到终局判决作出时才执行的意义上，这就是最终的。因此，民事案件中上诉权不能行使直至法院对所有待决的权利请求：反请求（counterclaim）、交叉请求（cross-claim）等已经作出决定。并且亦不得针对临时限制命令、禁令、允许或否决证据交换请求的命令或许可举行新庭审的命令提起上诉。

在刑事案件中，上诉一般只能在刑事判决或者是行为矫正治疗命令作出后才能提起，除该刑事控诉是可以上诉的外——被告人的此种上诉只能与对最终判决的上诉一并提起。与此同时，应当制定规定授权上诉法院自由裁量决定是否受理中间复审。这种方法对通过不公平或不成熟的上诉来干扰初审法院的诉讼进行了限制，而且允许紧急情况下提出即时复审请求，无论下级法院命令的类型如何。

在这个基本框架内，对"例外"加以狭义定义是适当的，中间复审权只能针对某些类型命令提出。在定义这种例外时，应当考虑该命令如果是错误的，是否会产生实际的后果——无法通过对最终判决提出上诉加以弥补。还应当认识到，这些例外有可能导致诉讼延迟及不必要的上诉，从而削弱最终判决规则的作用。

本条规定综合了《联邦民事诉讼规则》第五十四条第二款、《联邦中间上诉法》及多个州的相应规定。它们表达了一个基本观念，即中间复审只有在出于正义的目的时才能批准。所涉及的利益一般附属于即时诉讼，因为出现的问题通常是时间问题——权利受害方是否应当等待终局判决后才能获得对命令的复审。这个问题通常应当根据各个案件的特定情况平衡处理。但是，许多情形下所涉及的利益是关于一般审判管理的，例如，当命令涉及的程序问题等到终局判决作出时会变得无实质意义，但是为了指导下级法院未来的审判应当得到有效解决。

上诉法院关于是否允许中间上诉的决定应当只是一个命令，无须说明理由。该决定与最高法院关于是否允许从低级上诉法院提起进一步上诉的决定基本相似。关于中间上诉申请的决定，不应当影响当事人对终局判决上诉时一并要求复审命令的权利。

3.2.7 从初审法院上诉

①上诉期间

对终局判决提起上诉或请求复审初审法院中间命令的期间不得超过判决或命令作出后 30 日。相关程序规则应当规定：若初审后提出过一个或多个动议，则上诉期间从全部动议决定后起算；明确"判决（rendition）"或命令作出的构成，以便根据程序事件精确计算上诉期间；尽管期间已过，但不能及时上诉是由特殊情况所致的，允许一方当事人对终局判决上诉，除批准上诉将不公平地影响另一方当事人对判决终局性的信赖外；收到（对方当事人的）上诉通知后的一定期间内，允许当事人对终局判决提起反上诉（cross - appeal）。

上诉程序规则应当实现两个主要目标：第一，它们应当为双方当事人提供一个向上诉法院提交有关下级法院审判的争议的机会；第二，它们须有利于上诉法院管理上诉的准备及提交，使法院的时间及精力能够被有效用于公正而迅速地审判上诉案件。

当事人要求对判决或命令复审的，应当在 30 日内提出。在某些特定类型的案件中，亦可以确定更短的期间。在当今信息化时代，允许上诉期间超过30 日毫无必要，而且会为上诉的后续步骤定下不适当的缓慢步伐，影响上诉审判的进程。

上诉期间通常应当从判决之日或决定作出之日起算。许多初审法院程序规定，当事人有机会在终局判决后向初审法院提出动议启动纠正程序，可以要求重新审判、撤销判决或改正判决。由于初审法院的纠正程序排除了上诉的必要，上诉期间应当延长以便处理此类动议。

为便于上诉，程序规则应当尽量明确构成"宣判"或命令作出的初审法院的正式行为或登录（entry）。尽管该问题完全是程式化的，但是这方面规定不明确将产生关于上诉或复审请求是否及时问题的不必要的程序性诉讼。应当认识到，出于上诉目的而将其作为构成判决或命令作出的事件，不必与为其他目的而确定的判决构成要件相同，例如，确定影响同一当事人的不同诉讼中判决的优先权。上诉期间已过时，适当情形下仍应当允许当事人提起上诉：例如，判决作出后未通知（送达）当事人，当事人未接到有关初审判决后动议的决定的通知，邮件未按时送达，以及不能归咎于委托人（当事人）的辩护律师的疏忽。律师玩忽职守应当受到适当的处罚，但是若因此而剥夺当事人获得复审的机会是不公平的。在决定是否允许逾期（提起的）上诉时，主要考虑的是迟延的程度及对另一方当事人合理信赖判决终局性的影响。

应当允许未在规定期限内上诉的当事人在另一方当事人提出上诉后较短期间内提起反上诉（cross-appeal）。通常，判决后的情形是双方当事人都有理由上诉，但是一方或双方愿意接受判决结果。此种情形下，一方当事人不必因为对方当事人可能提起上诉而上诉，或者是手握上诉通知在上诉法院徘徊，直至对方的上诉期间已过。《联邦上诉程序规则》第四条（a）款便是此类规定的典范。

②上诉通知

上诉复审，无论是针对终局判决还是中间命令，都应当从当事人提交简单上诉通知于初审法院并提交副本于上诉法院开始。上诉通知有效赋予了本应当受理该案件上诉的上诉法院的管辖权。若上诉错误地向别的法院提起，则应当根据当事人或受案法院的动议移送有管辖权法院。

拟对终局判决提起上诉或请求中间复审的当事人，应当首先发出简单通知（无需附件）。该通知应当向初审法院提交，这既是因为这种安排通常最便利于当事人，亦是因为它可以提醒初审法院职员履行其准备记录的职责。法院职员应当即时将上诉通知移送上诉法院，以便上诉法院知悉上诉待决，并可对其管理。

上诉通知的提交即可视为授予适当上诉法院上诉管辖权。根据一些上诉法院程序的规定，上诉是不"完全的"（perfected），除非上诉人在提交上诉通知后还采取了其他步骤，例如，交纳必要费用、邮寄上诉保证或遵守其他规定。不遵守这些规定将导致上诉被驳回。尽管在这些情形下，采取评估特殊费用等措施是适当的，但是驳回上诉通常是过分的。因为上诉错误地向别的（无管辖权）法院提起而被驳回上诉亦同样是严苛的。上诉通知，即使错误地提交到其他法院（对该案的上诉无管辖权），亦还是通知了对方当事人上诉即将进行，上诉法院可以通过内部的管辖移转将其移送。在拥有相对集中的上诉组织的州法院系统中，这个目标可以通过设立一间为所有上诉法院服务的办公室的方法来实现。

③登记信息陈述

上诉人在提交上诉通知后，应当根据要求填写上诉法院提供的登记表，陈述必要的有利于上诉审理的信息。

上诉通知并不能为上诉法院提供足够的为管理上诉所必需的信息。许多法院系统要求上诉当事人提供"简要陈述（docketing statement）"或类似信息，并将被上诉的判决或命令的复印件附在简要陈述后面。获得这些信息的简单而令人满意的方法是，要求上诉人填写法院提供的信息表，其主要内容包括：1 案件的名称及编号，各方当事人姓名、审判法官；2 简要陈述即将提起上诉的事项（但并未限定上诉人只能涉及此类事项）；3 陈述上诉是否涉及一个藐视法庭判决或命令；4 声明上诉是否可采取快速审理、和解还是争点会议（issue conference）方式；5 一审法院法庭书记员及当事人的辩护律师的姓名、住址和电话号码。该信息使上诉法院能及时与负责传递诉讼摘录和记录者联系；6 证明案件与其他法院诉讼（程序）的关系，例如，破产法院，可能影响法院对上诉的管辖权；7 一份清单，通过它可鉴别案件的类型，以及同一案件或相关案件中的先前的或悬而未决的上诉诉讼；8 已知的该法院悬而未决的上诉，所提出的问题相同或密切相关；9 初审的天数——作为一个指标表明诉讼记录的篇幅长度及初审法院处理的类型等、合议审判、陪审团裁决、简易判决或驳回（说明理由）；10 上诉人证明已经适时地要求法院书记员及初审法院职员准备记录。应当授予上诉人要求上诉法院对过于宽泛的记录准备进行特别监督的权利；11 声明是否对宪法性规定、法律或命令的有效性提出疑问；12 在刑事案件中，陈述所处刑罚及被告人的保释状况；13 在那些上诉人可以有权要求法院指定律师的案件中，声明是否需要指定律师；14 没有拘束力的关于是否要求口头辩论的声明。

④诉讼记录（record）

应当命令上诉人在提交上诉通知之时或其后几日内，准备好诉讼记录。上诉人只需向法院提交一份完整的记录，并将为审判庭每一成员复制的记录的相关部分附录于后。展示证据（exhibits）只有在上诉程序记录中被提及或当事人单独提出时才列入。

准备记录是上诉程序中最耗时费钱的方面之一。改革上诉程序的要求已经多次被提出，包括限制记录的大小（篇幅），减少必须准备记录的案件，并为法院提供更简明的关于案件事实及下级法院诉讼过程的概略等多项内容。上诉人在提交上诉通知时应当书面告知初审法院书记员制作复印件，并缴纳必要费用。

⑤法律理由书（案情摘要 briefs）

法律理由书要求精确明晰。法律理由书还须说明为什么法院有权受理上诉。

⑥简易判决的动议

上诉规则应当规定，在法律理由书（案情摘要 brief）提交之时或之前，上诉案件当事人可以提出简易判决动议，要求维持原判决或撤销原判决。提起上诉的许多案件都可以以此为基础获得公正解决。允许当事人提出简易判决动议可以帮助法院识别那些可以这样处理的案件。如果是不能这样处理的案件，则不应准许口头辩论，或者是应限制口头辩论时间。

3.2.8　再上诉程序

当事人申请对上诉法院决定进行再次复审的，应当向最高法院提出申请或动议。要求再次复审的请求应当在上诉法院决定做出后 15 日内提出。它应当提出一个声明，说明再次复审的正当性，包括由作出被上诉决定的法院出具的任何可以产生此种效果的意见确认（certification）。当再次复审的请求被准许后，上诉审判时的法律理由书应当提交高一级法院，但是，有正当理由并经法院许可，当事人可以提交新的法律理由书（案情摘要）；而且，复审法院亦可以要求当事人照此办理。

请求对低等上诉法院的判决进一步复审的程序应当简单而迅捷。根据一般原则，再次复审应当只针对在下级法院已经提出过的问题，进一步上诉（再上诉）时所提交的记录通常应当限制在低等上诉法院决定的依据范围。上级法院出于决定是否批准再次上诉或是批准上诉后评议上诉的需要，可以要求多提交几份记录副本。除非记录非常长，上级法院应当准备必要的记录副本，费用由当事人负担。

当事人拟提起进一步上诉的理由（contentions）有多种，它可以针对低等上诉法院的判决，亦可以针对高等（上诉）法院的组成及权威的不同意见，或者是从当事人新聘了律师这一事实中形成。由于这些原因，有正当理由并经法院批准，提起进一步上诉的当事人可以提交新的法律理由书。出于相似的原因，高等上诉法院亦可以要求当事人提交新法律理由书。为使最高法院集中精力及资源于真正重要的问题，上诉规则应当规定最高法院可以明确限定可进一步复审的问题。

3.3 律师协助

3.3.1 律师聘请

无论何种上诉程序中，都应当允许当事人聘请律师。

当事人有权聘请律师的原则既适用于初审程序亦适用于上诉程序，既适用于民事上诉亦适用于刑事上诉案件。由律师提起上诉对法院有利，因为它可以确保记录、法律理由书及口头辩论等能够以一种有条不紊且连续的方式提出。

3.3.2 法律援助条件

初审时有权要求法院指定律师的当事人，在上诉程序中亦应当获得这种法律援助。初审时聘请了律师的当事人若在上诉时无力聘请律师且符合法律援助条件的，有权要求指定律师。

标准 2.20 规定下列当事人有权获得指定律师的帮助，如果他们无力自费聘请律师：

①根据现行法律，有权要求指定律师的刑事被告人或其他人；

②被告因为刑事案件而被提起刑事或民事诉讼。参见美国律师协会的《刑事审判标准》1980 年第 2 版第 4.2、5.1 及 5.2 条；

③有可能被判处 72 小时以上拘留（detention）的民事案件当事人；

④其他任何有可能产生严重后果的案件的当事人，在法院认为有必要提供

法律援助以避免审判不公时；

初审时有权要求指定律师的当事人，上诉时亦应当有权要求指定律师。（详见美国律师协会的《刑事审判标准》1980 年第 2 版第 5.2 条。）初审时，获得法律援助的当事人有权得到全面代理正如自费聘请律师的当事人那样。因而，在初审时，提供法律援助的律师可以要求对初审法院的中间命令进行复审，正如聘请的律师在相同情形下所做的那样。若获得了上诉权——无论是针对终局判决还是其他的，当事人有权继续获得律师的法律援助。为管理便利，可以假定：在没有相反的迹象时，初审时无力聘请律师的当事人上诉时亦符合由法院指定律师的条件。而且，符合标准 2.20 条件规定的当事人，初审时有能力聘请律师但是上诉时无力聘请律师的，在上诉时亦应当有权获得指定律师之帮助。在只能经过上级上诉法院裁量批准的进一步上诉（再上诉）中，亦应当有权要求指定律师。

标准 2.21 所规定的申请指定律师的经济条件，包括特别条件，应当适用于上诉审律师的指定。

3.3.3　依职权指定律师

若提起上诉的当事人没有聘请律师而且无权要求指定律师，则上诉法院可以指定律师代理当事人或提供法庭之友法律意见书以帮助当事人，如果这能够帮助法院理解和决定案件的是非曲直。

法内塔诉加利福利亚［Faretta v. California，422 U. S. 806（1975）］一案的裁定，可能意味着在上诉法院当事人有权自己代理。如果这样，则上诉法院不得强迫当事人接受律师的援助，但是法院可以要求一名律师提供法庭之友法律意见书以帮助当事人。

然而，在上诉法院自我代理（不请律师）的权利并未全面确立。在美国诉吉尔斯一案中［United States v. Gillis，773 F. 2d 549，560（4th Cir. 1985）］，法院裁定："尽管被宣告有罪的被告人有权由律师上诉，第 6 权利修正案赋予他的在初审法院有权自我代理的绝对权利并不扩展到上诉。"联邦最高法院需要对这种权威间的分歧作出裁决。

3.3.4　法援律师的期间

初审时被指定（进行法律援助）代理的律师其职责不能被解除，直至已指定了新律师负责上诉，或者当事人放弃了上诉权利并已记录在案，或是提交上诉通知的期间已过。被指定代理当事人上诉的律师应当履行其应尽的职责，直至法院免除其责任。

明确定义初审律师和上诉律师的职责是适当的。被指定进行法律援助的律师应当继续代理有上诉权利的当事人，直至法院已经指定继任律师负责上诉，或者当事人有效地放弃了上诉权利。除非保持代理的连续性，否则案件在初审后将陷入初审律师、上诉律师、初审法院及上诉法院间相互推诿的混乱之中。参见美国律师协会制定的《刑事审判标准》（1980年，第二版）21－2.2条。其后果是不仅导致诉讼迟延及可能对当事人不公，还不必要地加重了法院的管理负担。

代理当事人上诉的律师应当迅速、及时地履行职责，积极准备和提交上诉材料。为延迟结案而拖延上诉的进程，是有违法援律师（作为法院官员）的职责的。上诉不成功时，律师的职责是考虑申请进一步上诉是否适当的问题。在确定上诉是否有正当理由时，指定律师应当像委托代理的律师一样认真考虑相关因素。在这种情况下，指定律师的处境可能会很困难，因为贫困的当事人（客户），不像那些必须支付律师费的委托人，缺乏继续进行诉讼的经济激励。但是，无论成功的可能性是多么小，当事人都可能感到不公平，除非所有的上诉手段已经用尽。

当事人有上诉权时，指定律师不得寻求退出（撤回），即使律师认为该上诉是轻率的，除非律师已经提交法律理由书——把所有可能支持上诉的事项都提出来。宪法所要求的实质平等及程序公平只有在律师积极履行其代理当事人的职责时才能获得，该职责与法庭之友①的职责相反。（法庭之友）作出的与其无直接利益关联的书函（no－merit letter）及因此而启动的程序都不能实现该价值。律师应当且能够充满荣耀地既为当事人也为法院提供更多的协助，并且不应产生冲突。其律师角色要求他尽最大努力去支持当事人上诉。当然，若律师发现其案件完全是无意义的，在仔细审查后，他应当向法院提出建议并请求撤回。然而，该请求应当附上法律理由书，指出记录中可以支持上诉的任何事项。律师的法律理由书副本应当送交穷困的当事人，并让其有时间提出意见。随后，由法院而不是律师继续进行相关的审查程序。法院在全面审查所有的诉讼过程后，再决定案件是否确实无意义。若法院发现案件确实无意义，则

---

① 向法院呈送法律理由书，表达对法院所面临法律问题的观点的第三方。

可允许律师的撤诉请求，并按照联邦法律将其驳回，或是依据州法律的要求作出实质判决。另一方面，若法院发现案件的法律争点具有实质价值（因而不是无意义的），则必须在作出判决前，为贫穷者提供律师帮助其上诉。

3.4　上诉法院的决定程序

3.4.1　一般原则

上诉即是将低等法院的决定（独任法官作出的）提交上级法院集体合议复审。因而，上诉法院决定案件的内部程序应当确保争议经所有参加决策的法官认真审查。通常应当对法院作出的实质处理提供合理的解释，而且在决定将案件发回进一步审理时，还应当作出明确指示以指导重新审理。上诉法院的内部规则及操作惯例应当以书面形式公布，并且可为律师及其他感兴趣的民众所获取。

上诉法院的权威及公众对其的信赖主要依赖于其行为的公正性及判决的说服力——在法律与正义方面。上诉判决的公正性及说服力要求：当事人有足够的机会提出争论（contention），当事人相信争议已得到审议，所有负责决策的法官都参与了决定，并且法院的决定有合理依据。审议的公正性及司法管理的有序性亦要求：当上诉法院将案件发回重新审理时，其指示应当尽量清晰明确以便尽快终结审理，实现诉讼经济。上诉法院忠实地遵守这些原则既是履行应尽职责，又是维持低等法院对上诉审判正直性的信心。

上诉法官们交换意见及评议案件的过程既对法官亦对法院职员保密。在这一方面，上诉法院的工作必定是"无形的"。因而，上诉法官履行职务时应当尽职尽责保守秘密，其原因是有效的监督程序必定会侵犯其职务自治。在这个意义上，上诉法院的基本职能是无法为外界有效监督的，因而那些可见的（有形的）上诉法院决策过程显示出它的合理正当便尤为重要。为实现这一目的，上诉法院的法官不仅应满足当事人口头辩论的要求，还应当鼓励他们进行口头辩论，除非口头辩论对法院审议案件无甚裨益。法官们在主持口头辩论及撰写法律意见时应当展示出他们对法律理由书及记录的熟悉和了解。

3.4.2　预备审议

即将参加上诉审的每一位法官均应当阅读法律理由书并熟悉事实记录、当事人的主张及与提出问题相关的主要权威根据。

若案件需要进行口头辩论，则在此之前每一位参加审判的法官均应当熟悉案情。法院可以预先讨论并确定口头辩论须探知的问题，并对询问律师加以计划。当审判法官于口头辩论前举行过会议以确定他们希望律师集中讨论的问题时，法院从口头辩论中获益最大。如果此种会议在口头辩论之前较早时侯举行，则可以将所确定的问题告知律师，以便其照此准备辩论。

3.4.3 口头辩论

于上诉审，上诉人可以要求法院就案件是非曲直举行口头辩论（oral argument）。准许当事人各方进行口头辩论的时间长短应合理，且可依法院命令缩短或延长。法院审查案件法律理由书和记录后，认为口头辩论对案件审议帮助不大的，可以否决口头辩论请求。法庭认为口头辩论无价值的，在告知当事人的同时，还应当允许当事人提交书面理由陈述口头辩论的必要性。即使当事人放弃口头辩论，法庭亦可以命令进行。

历史上，口头辩论曾经是上诉程序的基本组成部分。对于许多上诉律师和法官而言，口头辩论是一种优于书面表达的交流媒介，尤其是面对复杂、新奇及疑难案件时。它可以为把握问题的本质提供一种流畅而快速推进的方法。它增强了司法的可说明性（accountability），扩大了公众对上诉审判决策的了解，而且有效防止了对法院职员工作的过度依赖。通常，口头辩论不得因为请求许可自由裁量复审、提出动议或者其他程序事项而获得批准。然而，当根据案件是非曲直（on the merits）进行审议时，不得例行公事地否决口头辩论请求，而只有当法院认为口头辩论无价值时才能否决。但是，放弃或否决口头辩论并不意味着律师或法院认为案件不重要。

3.4.4 判决及意见

参与审判案件的法官在口头辩论后决定作出前应当交换意见。案件千差万别各有不同，因而准备法庭意见的过程也可以有所区别，但是全体审判法官均应当参与形成过程，且每一个决定均应当注明参与审判的法官。

上诉法院的决定过程应当是由全体参加该案件审理的法官共同参与的，每一案件均应举行审判法官会议进行评议处理。然而，当上诉法官分散驻扎在不同的办公点时，他们可以通过备忘录、电话或 E - Mail 进行交流，除非审议的事项非常复杂以至于这些交流方式仍不充分。口头辩论后，审判法官会议应当特别注意那些在口头辩论中已提出却可能未被列入记录中的事项。若案件不经口头辩论即决定，则应当对法律理由书提出的辩论意见加以全面透彻研究，须特别征询参加审理法官的意见以确保他们对案件所涉及的问题及如何决定达成一致意见。

无论上诉是针对终局判决还是针对中间命令，撰写意见都不能仅仅作为指派给某一位参加审判法官个人的任务，而应当是合议庭全体法官仔细思考评议的结果。集体评议不仅为每一案件上诉审判的正义性提供衡量依据，而且有助于保持决定法（decisional law）的一致性。若参加决定的法官并非全部，则法庭的意见，即使只是一份备忘录，亦应当标明对此负有责任者的名字。

3.4.5　意见公布制度

①公众使用

上诉法院的意见应当是一种公共档案。决定或意见作出后，应当提供一份给当事人，尽管一般的分发必须等到意见印刷后。

上诉法院是政府的一个机关（分支），其决定应当与政府任何其他机关的决定一样对公众开放。一些诉讼程序在一定程度上是法定秘密，例如，一些家庭法问题及司法与律师的纪律处分案件。这些案件的意见与其他案件的一样可以为公众所获取，但是须以另一种形式，即所涉及人员的名字已经根据应用程序的要求被删除了。

②正式公布出版

上诉法院的意见应当结集印刷出版，若根据参与决定的法官的判断，上诉法院的意见是：1 确立一条新的法律规则、改变或调整现存法律或适用现有的法律于特殊的情形；2 涉及一个对公众具有长期意义的法律问题；3 批评了现存的法律；4 解决了一个明显的权威根据间的冲突。

③引用未正式出版的意见

法院规则可以规定，未经正式出版的意见不得引用，但是可用于确立既判力间接禁止反言、判例法（law of the case）或类似的目的。

许多采纳了有限发行（出版）意见程序的辖区（州）亦实行一个规定，即未经正式出版的意见既不得在作出该意见的法院引用，亦不得在其他法院引用。允许引用未出版的意见将产生为大众提供这类意见的压力，导致二手的非官方的出版，这在一定程度上阻碍了不得出版规则（the non‐publication rule）目的之实现。禁止引用规则可以减少这一问题但是无法完全消除该问题，因为它不能阻止出于交流和法庭之外（out - of - court）的目的编辑和应用未出版的意见。

另一方面，禁止引用规则允许法庭拒绝考虑当事人试图作为有一定先例意义而引用的既往判决（未公开出版的）。实际上这亦意味着，律师可以接触到未出版的意见辑，将会了解到先前的决定——根据禁止引用规则不得向法院提出。

④出版管理

上诉法院意见的出版应当由作出意见之法院监督管理。

上诉法院的意见通常公布在官方或半官方的系列案卷（bound volumes）中。这些系列的出版或通过电子方式获取这些意见，是初审法院、律师及普通民众了解现行判例法（decisional law）的主要方式。然而，常规印刷出版全部的意见需要巨大的资金，而其结果却是出版的大多数决定对直接当事人之外的其他人没有意义和用处。总费用不仅包括印刷、存储的费用，最终还包括，由于出版报告的增加而引起的法律研究费用的增加。在那些出版费用已经超出了常规出版全部上诉意见的价值的辖区（州），应当采纳相关程序将出版范围限制为那些具有明显先例意义的意见。

无论判决和意见是由法院自己出版还是委托私人出版商出版，法院均应当复查每一意见所依据的证据以确保其与法院的意见相符。法院监督管理意见的出版是其正当职能之一，比独立的机构更适合。在拥有不止一个上诉法院的州司法系统内，这项工作由中枢行政管理人员负责时最有利于实现管理的经济与规范。

⑤决定的印刷

上诉法院意见的出版应当由一名法院管理人员负责监管。若法院出版一系列的官方报告，法院职员中应当有专人负责报告决定，并在法院的监督领导下负责制定推荐的格式标准及引用模式，审查意见的原稿并负责意见的出版。

新技术的应用使得意见公布当天即可为全体当事人和利害关系人通过电子方式获得成为可能。而且，意见应当在当天通过电子方式发送给印刷商，或者，通过兼容磁盘、磁带或印刷用照相模板发送给印刷商。

3.5　上诉法院管理

3.5.1　一般原则

上诉法院应当强化管理以保证公正、迅速且适当地决定案件。① 为实现这一目标，上诉法院应当有强有力的领导、有督促参审法官共同履行决定职责的内部运作程序、有足够的法官、设施及职员以迅速决定案件。

上诉法院的构造与程序应当与其决定案件的内部权限及责任制度相适应。在上诉法院，该制度即是集体决策，要么是全法院作为一个整体，要么是由每一成员均有平等的表决权的合议审判庭。这与初审法院的相应制度形成对照，每一初审法官一般都对分配给自己的案件有完全的决定权，而对他人审理的案件则无此种权力。从组织的观点来看，上诉法院其实就是一个委员会，其工作通过集体同意完成；而初审法院实质是一群自治的决策人。

这种决策权构造的基本差别意味着上诉法院的内部组织形式须与初审法院有所不同。初审法院内部组织主要关心的是各个法官的工作日程安排。一旦初审法官接手案件，则由其决定，只受制于上诉复审的纠错程序。因而，初审法院的管理要求对法官委派、专业辅助人员及案件流程实行强有力的管理与控制，但是只对各个法官的决定过程实行最低的管理控制。与此相关的，是对法

---

① 为加强对联邦法院的管理，于 1922 年和 1939 年分别成立了美国司法会议和美国法院行政管理办公室。美国司法会议共有 27 名成员，由联邦最高法院首席大法官、13 个联邦巡回上诉法院首席法官、国际贸易法院首席法官以及除第十三个巡回法院之外的 12 个巡回法院管辖的司法区中抽出一个联邦地区法院的法官组成。司法会议每年至少在联邦最高法院在绝对保密的情况下召开两次，以履行立法中为其规定的任务，即"进行关于美国法院工作条件的全面调查，并且在必要的时候制定从/向联邦上诉法院或联邦地区法院调配法官的计划。"此外，它还被要求给各种法院提供各种"有利于迅速和协调一致地审理案件的建议"。而美国法院行政管理办公室是美国司法的家务管理机构，已经变成了联邦司法系统真正的左膀右臂，受到了广泛的和应得的称赞。它由一名主管和副主管领导，两者都是由联邦最高法院大法官任命的。它的主管没有任何针对联邦最高法院的管理权限，但是主管和他的下属却负责主要的管理联邦下级法院的行政管理工作。这个已经有 500 个成员的机构负责法院预算的编制、确定法院的人员需求及检查诉讼事件表等一系列工作，它实际上已经成了联邦法院正常和有效运作的不可或缺的组成部分。事实上，联邦的 50 个州已经有越来越多的州开始模仿这种做法，例如，加利福尼亚州、爱荷华州、纽约州和宾夕法尼亚州等。美国律师协会制定的有关法院的系列标准实际是以此为参照的。参见亨利·J·亚伯拉罕所著《司法的过程》一书第 198～199 页，北京大学出版社 2009 年版。

官之外的专业人员的管理，例如，法院记录员、缓刑监督官及社会工作者——他们协助各个法官工作。与初审法院相反的是，上诉法院内部组织机构主要关注的是协调组织法官参与决定程序。上诉法院的案件处理安排是其决定程序内在的一部分，为上诉法官行使审判权提供直接的构架。

3.5.2 内部运作程序

每一家上诉法院的内部运作程序均应当由法院正式确立。程序应当规定法院官员及职员的职能。

上诉法院内部运作程序的成文化有助于明晰和确定法官与辅助职员之间的工作关系。该程序应当与指导法院系统整体的规则及规定相一致。程序通过法院的集体统一行动而不是首席法官的指示确立。在有一个以上审判庭的法院，所有的审判庭都应当遵守同一套程序，以便法官、职员及当事人的律师对基本规则有共同理解。公布这些程序能促进这种共同理解，并能以一种公平公开的方式表明法院决策程序的可信。

上诉法院内部的案件处理程序应当详尽，不仅要明确案件如何分配，而且要规定法官参与决定的方式。上诉法院案件处理程序的管理有赖于持续的统一调节，上诉法官间团队合作的程度比初审法官要大得多。每一位上诉法官都必须参加到法庭整体的工作中去，相应地，与初审法院担当相应工作的法官相比，主持上诉法庭工作的法官（审判长）的职能更接近于委员会的主席。上诉法院辅助人员的工作亦与初审法院的有所不同。在初审法院，职员们主要对首席法官负责，并为每一位初审法官的案件审理（独任制）提供服务；而在上诉法院，职员的职责更多的是为法院全体成员服务，职员们主要作为法官履行决定职责的中间桥梁。

这些区别意味着上诉法院的结构不必遵循初审法院的模式，实际上，亦不必与传统的政府机构的管理模式一致。在初审法院，案件流程管理由首席法官直接负责，其他法官参与协作，行政管理职员提供协助。在上诉法院，案件流程管理应当遵照法院制定的完备的规则及惯例，在首席法官的统一领导下由法院职员具体负责。案件在多个审判庭间的分配尤其如此。尽管只是程度及质量的差异，然而，这意味着在上诉法院，管理权力与决定权限不得结合集中于首席法官之一身，以免首席法官不当影响法院的决策程序。

3.5.3 首席法官

高效率的管理需要强有力的领导，首席法官应当成为上诉法院的行政首脑。在最高法院，首席大法官是行政负责人；① 在其他上诉法院，首席大法官委任的，或是根据州宪法或其他授权法之规定由所在法院选举产生的首席法官为行政领导。除了主持最高法院工作外，首席大法官还是州司法系统的行政首脑。每一上诉法院均设一名首席法官，在首席大法官的指导下开展工作。首席法官的当选，是因为其具有超强的管理能力而不是因为资历或轮值（轮换）。首席法官的任期至少三年，而且可以连任。法院应当配备行政管理职员，可以委派他们承担无须行使司法自由裁量权的行政管理职责。

首席法官负责法院的管理，并且作为法院与所在司法系统、其他政府部门及公众间的主要联系桥梁。其主要职责是：管理案件和法官分派；召集并主持会议，在满席听审及参加合议审判时主持审理；制定有关法院内部运作及处理影响法院的外部问题的立场的政策；代表法院与其他政府机关、律师协会、普通民众及新闻媒体进行交流，并代表法院出席礼仪庆典场合；监督案件流程管理；为其他法官履行法院管理职责提供建议及帮助；必要时委任代理首席（大）法官；为法院成员提供任职及继续教育培训项目；执行有关工作时间、及时处理案件、请假、出席会议和讨论以及休假的规定；监督法院的财政事务，包括财务计划、准备预算及财务报告等；检查评估法院行政管理办公室及职员的工作。

首席法官作为法院的领导，是法院的新闻发言人及法官的代表。强有力的领导，尤其是在上诉法院集体决策的背景下，依赖于机智、倾听的能力、对他人利益的关注及说服技巧。在履行职能时，首席法官应当维持法院整体政策一致，并须直接征询全体法官的意见及建议。首席法官负责确保法院的活动符合最高法院制定的规定、政策及规则。

首席法官负责上诉法院的内部管理，其权限应当扩展到上诉法院管理的各个方面，包括案件在各个审判庭的法官间进行分配。首席法官应当认识到管理权与法官审判独立之间的重要但并不清晰的界限，并且应当以保证法官审判独立的方式管理法院。

首席法官执行法院的审判职能的责任应当与其管理法院预算、管理行政人

---

① 美国联邦第七巡回上诉法院的副高级司法事务官艾伦·莱普认为，首席法官有五个职能：行政责任、制作规划报告、总结报告等、负责法官表现，可以进行非正式调查、对法院外部事务的联络工作及在大政方针上起领导作用，发现问题，明确今后工作方向等。参见北京市高级人民法院编《海外司法制度掠影》中《美国司法系统》一文，人民法院出版社 2002 年版，第 118 页。

员及设施的职责相分离。在行政事务管理方面，首席法官应当咨询上诉法院行政管理主任并授予其一定的执行权。在某些法院，法院内部管理职责已经交给一名从事行政管理的法官，法院的行政管理主任对其负责。法院行政管理主任直接管理非法律职员和那些不属于法官个人的职员，并管理法院的财务运作、设施及其他资源。

3.5.4 内部管理

上诉法院的职员服务、设施、财政运作及后勤总务（housekeeping operation）工作等由行政管理主任负责，受首席法官的监督。

上诉法院须配备充足的法官、辅助职员、高新技术设备以及必要的设施。上诉处理过分延迟、大幅缩减口头辩论时间以及充分审议时间的不足等是这一方面资源总体不足的结果。尽管应当坚持不懈地去寻找降低案件规模（volume）及复杂性的方法，在上诉法院获得一天审理的权利仍应当是一种实质的权利。若不能为上诉法院系统提供必需的法官、辅助服务及设施，则会导致上诉审判中存在的问题变得更严重。

当法院有一个以上合议审判庭或分院时，应当依照一定的程序在审判庭间分配案件。每一审判庭均应有主审法官（审判长），根据在任法官的资历确定或根据其他规定程序确定。主审法官负责主持口头辩论及会议，在法庭成员中指定意见撰写人，并协调与其他审判庭的工作。

3.5.5 法官委派

法院系统的管理规则应当规定上诉法官的临时委派，包括，在各上诉法院之间进行法官委派、委派初审法院法官到上诉法院、委派上诉法院法官到初审法院以及委派退休法官临时履行职务。委派的权力由首席法官行使。

实践证明，司法系统通过临时指派法官的方式能最有效地运用司法资源。法院系统的全体法官都应当认识到，他们的职责不仅仅是完成常规的任务，而且还应当为系统内最需要的地方提供服务。临时指派法官的程序应当通过一般规则确立，而且应当允许通过临时指派来平衡法官间的工作量，帮助案件积压的法院，并弥补由于法官偶发疾病、失格及其他原因造成的法官短缺。根据此类规则，指派法官的权力应当由首席大法官行使，作为管理法院系统权限的一部分。

3.5.6　法官与律师的职责

每一上诉法官均应参加法院管理，审议及决定有关案件并完成相应的工作量。律师应及时准备及提交案件于上诉法院，并且应娴熟而专业地履行律师职能，只提起那些能提出实质问题的上诉。

法官和律师均有责任尽快完成诉讼，二者须紧密合作。这一责任的履行不仅需要意愿和决心，而且需要时间和精力。法官应当遵守工作日程安排，迅速果断地处理分配的任务，且休假及缺勤都应控制在允许范围内。法官应自觉调整自己的工作习惯以适应上诉法院的统一要求。在履行审判职能时，既要坚持独立，又须遵循上诉法院的管理程序。相应地，律师不仅须应用有效程序管理自己的案件清单，亦有义务安排好日程、准备法律理由书并按时出庭以免产生不适当的延误。[①] 上诉律师主要负责上诉案件准备，他们在制作副本及提交法律理由书方面的任何迟延都将引起上诉案件的长期拖延。对于反复迟延的律师，应当先行警告，其次可处以适当处分，包括公开申斥及剥夺其在上诉法院代理案件的资格。上诉律师有责任协助上诉法院依据全面而充分的信息（well–informed）及时作出决定。律师撰写的法律理由书及辩论应当简明，法律依据充分，论证清晰。

3.5.7　法官失格

上诉法院法官的失格（回避）应当遵照美国律师协会的《司法行为模范法典》（1990）的规定，并且当法官作为下级法院法官参与过被复审的判决时，亦失去资格。

上诉法官审判资格受到反对和质疑的缘由应当与初审法官相同。而且，当上诉涉及复审某一上诉法官的决定时，他亦应当失去资格（回避）。最困难的问题，是如何确定所应适用的程序。当对初审法官提出反对和质疑时，若反对在表面上成立且对法官的公正无私提出了合理的怀疑，则该法官将服从被取消资格（recusal，回避）的决定。若该法官拒绝服从，在初审法院，则应当由另一法官决定与失格相关的事实问题。然而，对于上诉法官，这一程序会将该法官是否公正无私的问题交由与他继续共同审理案件的法官决定。并且，因为上

---

① 可参见美国律师协会 1990 年颁布的《司法行为模范法典》（*Model Code of Judicial Conduct* (1990)）及 1983 年颁布的《职业行为模范准则》。

诉法官主要决定法律问题而非事实问题，实际工作中上诉法官的"偏见"问题通常无法从法官对法律的观点上识别，因而无法通过取消资格程序来提出反对和质疑。考虑到这些复杂因素，取消资格的问题最好由受到反对和质疑的法官自己决定。还有一种补救措施，即可以通过对该法官参加的决定向最高法院提起上诉；若受到质疑的法官是最高法院的大法官，则只能信赖该大法官对"法院不仅应当公正无私，而且应当表现出公正无私"理念的认同。

在上诉法院集体决策过程中，单个法官纯粹个人的观点不如它们在初审法院那样重要，而且法官拟依自己的观点行事时，亦受到集体决策限制；上诉法官很少有机会行使初审法官那样的全面自由裁量权；而且上诉案件审理中，不可能出现初审法院那种法官、律师及当事人之间的紧张激烈的互动。此外，上诉法官关于法律和司法的公开观点，在一定程度上，成为该法官对上诉法院职能的贡献，尤其是对于法律的发展而言。

3.5.8　会议及委员会

上诉法院法官应当定期举行会议讨论并制定有关法院管理问题的政策。为此目的，每一个州司法系统作为一个整体，亦应当定期举行州法院系统全体上诉法官集会。首席法官应当在法院建立一些适当的委员会并委任成员。法院的行政管理官应当是各个行政委员会的代表。

上诉法院与初审法院一样，需要一种机制，法院成员可以借此评价法院的程序、管理政策及惯例并对相关问题作出回应。定期会议可以实现这一目标，并且可强化法院职能单位的地位。委员会制度有助于持续细致地研究特殊问题，例如，法院规则、案件流程管理及预算。

3.5.9　法院协作

在设立二级上诉法院的州司法系统中，应当建立由这二级法院的法官组成的委员会，审查二级法院间产生的问题并提出解决建议。上诉法官与初审法官亦应当定期举行会议，讨论解决初审法院与上诉法院之间的问题。上诉法院应当是联邦和州（法院）常务理事会的代表（the standing state – federal council）。

实践证明，建立一个联邦和州常务理事会，即使并不经常召集，亦是保持两大司法体系良好工作关系的有效途径。联邦司法中心（Federal Judicial Center)① 主任威廉·W·施瓦泽（William W. Schwarzeer）法官等人的研究表明："许多法官都表达了一种将法院视为一个统一的体系和一种全国性的资源的看法，因此将两个体系之间的合作视为改进司法管理过程的努力中的一个全国性的方法。"②

上诉法院与初审法院的法官之间持续不断的交流对于协调程序并解决两级法院间的问题是必要的。虽然书面交流是有益的，但是初审法官与上诉法官间定期举行会议更为必要，正如州法官与联邦法官间需要举行会议一样。

3.6 案件流程管理

3.6.1 一般原则

上诉法院应当管理和监控所有上诉案件的准备与提出。③ 其管理程序应当包括：（1）从提交上诉通知开始适用一直到上诉案件的最终处理为止；（2）根据案件的轻重缓急、复杂性、普通事项、普通当事人及其他相关标准对案件进行预先区分；（3）允许在法院特别制定或适用的期限标准内审结案件；（4）符合法院系统整体的程序规则及管理规定；（5）征求受影响的职员与律师的意见后以书面形式确立，并告知律师协会及公众。

①责任

从接到上诉通知之时起，上诉法院就应承担起推动上诉的责任。在涉及法律援助的案件中，要特别注意保持律师责任的连续性。上诉法院应当根据上诉通知提交与上诉案件审结（以上诉法院发布意见为标志）之间的时间间隔来衡量其工作效率。从当事人及民众的观点看，这是一个具有实质意义的时间间

---

① 美国国会于 1967 年设立，是为联邦法院系统提供教育和研究服务的机构。联邦司法中心以大法官为首，由司法会议遴选的六位法官加上联邦法院行政管理办公室（局）主任组成，其主要职责是研究法院司法行政和有关执法的各种问题，提出和编写联邦法官的教育方案，以改进法院的司法管理。

② William W. Schwarzeer, Nancy E. Weiss, Alan Hirsch, "Judicial Federalism in Action: Coordination of Litigation in State and Federal Courts," 78 Virginia Law Review 1733 （November 1992）.

③ 自上个世纪 80 年代末以来，民事司法改革是以加强对案件的司法管理为特征。1990 年，国会通过了民事司法改革法案（CJRA），要求 94 个联邦地区法院设计并实施减少民事诉讼的费用和拖延的计划。民事司法改革法案是对案件加强司法管理的重要认可和保证，也是肇始于 80 年代初期的源自于联邦地区法院自身的一股潮流。详见：*Civil Justice Reform Act of* 1990, Public Law 650, 101st Cong., 2d sess., 1 December 1990.

隔。若按照这一标准法院未能实现快速审理，则应修订初审法院和上诉法院的程序规则及管理规定以实现此目标。

②案件分类

对每一案件都进行适当审查。这就要求法院按照案件的复杂性、普通事项、普通当事人及其他相关标准对提交审理的案件进行准确区分。为此目的，法院应当以每一案件必备的信息陈述登记为基础，建立内部的信息系统。并且，应当有监管复杂案件的特别程序。制定和运用此类程序的基本原则是，法院应给予每一案件恰如其分的关注，而不是出于管理的目的试图把它们同等对待。

③制定个别化（individualized）的时间标准

时间标准①是一个重要的管理工具，可以为法院提供一个评价其表现的基础。在每一上诉程序需要耗费多少时间这一问题上，标准应当代表多数法官的意见。在征询被管理者，例如，初审法官、职员、书记员、律师及上诉法院职员的意见后，每一上诉法院都应当制定自己的时间标准。时间标准不应当只是一种关于目前需多长时间才能审结普通上诉案件的阐述，但是亦不能过于理想化以至于无法实现。应当鼓励法院采用时间框架（标准），既标明完成每一重要事项的时间，又列出整个案件的审结时间。在有关这些个别事项完成的合理时间的问题上比在整个案件应当耗费多长时间的问题上更容易达成一致意见。只要整个时间标准能反映这些重要事项所需时间的总和，就是合理的、可行的。时间标准因此成为一种理想，每个法院都致力于其实现。

时间标准于1977年首次由美国律师协会提出，它要求自当事人提交上诉通知之日起，初审法院的记录准备须于30日内完成，法律理由书须于70日内（民事）或50日内（刑事）提出，口头辩论/决定会议须在法律理由书提交后马上举行，决定须分别于30日、60日及90日内作出，具体须根据案件的复杂性及审判庭人数的多少而定。1988年，美国律师协会对各个上诉法院的所有上诉案件都实行一个统一的标准：280日。

经验表明，单个法院制定时间准则（guideline）是完成广泛的减少迟延项

---

① Rand 公司的民事司法研究所的一项研究表明：在1980～1993年间，所有的民事案件中有2/3的案件是在提起诉讼后一年内终结，其余的1/3（约占33%）案件中有大约20%是在提起诉讼后两年内终结，7%是在提起诉讼后三年内终结，只有最后余下的案件（约占6%）的诉讼期间可能会超过三年或更长时间。

目的一个有机组成部分。通过制定可接受的时间准则的方法可以找出导致迟延的原因，并且可增强法院消除这些原因的决心。"时间标准表现了特定法院或法院系统对应当耗费多长时间于普通案件的一个阶段以及整个普通诉讼程序上的最佳判断。"①

④ 设计并开发案件流程管理项目

上诉法院的办案能力主要取决于地方性因素，例如法官及辅助人员的工作习惯。因此，要在特定法院设计一个案件流程管理制度就必须首先研究其当前的案件流程。此类研究应当分析各类事项进行的各个步骤（上诉、申请复审、动议等等）、每一步骤所牵涉的律师、初审法院职员（包括法庭书记员）、上诉法院职员、法官的活动、这些活动所需的时间、它们相互重复的程度或是不必要的、并考虑实现法院目标的替代性方法。研究的方法应当包括访问、咨询所有的参加者以获得更多的信息，并且为后续变革建立理解及兴趣基础。

法院应当制定书面形式的案件流程管理内部程序，并征询法官、法院职员及律师协会代表的意见以定期修订。征询律师协会的意见并分发法庭程序，可以使律师了解案件在法院是如何处理的，从而帮助他们更好地准备案件。

3.6.2 案件流程管理项目

①管理与司法权

案件流程管理项目应当明确上诉准备与提交中的管理权与初审法院和上诉法院的决定单个案件中产生的问题的司法权的区别。无论初审法院和上诉法院间司法权如何划分，管理上诉案件的权力均应当由受理上诉的法院独享。

上诉法院案件流程管理中遇到的问题，并不一定与决定单个案件上诉过程中产生的问题相对应。后者包括，上诉的必要性及充分性、被告人提供保证的请求、刑事案件中申请保释、请求维持、增加或更改记录等等。低等法院与上级法院间此类权限应当由法院规则区分，既要便于操作又须适当分担职责。

初审法院与上诉法院的司法管辖权应当互补，上诉法院负责监督上诉的正常进行直至案件最后决定。若在有关期限延长或遵守准备记录和法律理由书的规定等问题上，区分初审法院与上诉法院间的行政权限，则往往会导致混乱、无谓的重复及无法确定案件迟延的责任。

---

① Rita M. Novak and Douglas K. Somerlot, *Delay on Appeal* (ABA 1990) 81~82.

②连续监控

上诉法院应当按照程序规则及期限要求监管记录准备、法律理由书的提交及决定的作出。为便于这种监控及对所有案件状况与进展进行定期检查，应当建立记录及信息系统。只有上诉法院才能批准延期及许可其他的对程序要求的背离。

迟延的一个常见原因，是法院书记员及律师无视案件处理期限标准。实际上，迟延将不可避免，除非上诉法院严格执行期限标准，监控期限标准的遵守，保持排他的延期批准权，并且只有特别理由时才批准延期。法院不得根据当事人的约定批准延期（因为律师承受巨大压力经常滥用此类约定），亦不得授权初审法院同意延期。上诉法院若在案件提交后拖延很长时间才决定，则不可能要求律师和法院书记员及时作好案件准备。法院自身首先要成为严格遵守期间标准、迅速完成工作的楷模，才能在这一方面期望他人。

要控制案件流程，则须建立一个关于所有案件当前状况的信息系统。法院必须严格管理监督的关键阶段包括：上诉通知的提交、记录的准备、副本的提交、从初审法院接收档案、法律理由书的提交、口头辩论或决定会议、准备意见、意见传阅、同意或提出异议、提出意见。

因为上诉法院的审判工作主要依据初审法院的记录，所以管理该记录就成为上诉法院管理工作的基本部分。这不仅包括监控记录的准备，亦包括决定未作出时保持其完整有序，必要时将其发还下级法院，并在案件审结时作出相应处理。为缩减旧记录的体积及提高其可利用性，法院应当考虑运用光盘或其他类似储存方式。信息系统的一个重要目的就是记录那些可能反复对同一事项或类似问题寻求复审者提起的上诉。将上诉案件精确记录并按照名称编入索引中有助于法院识别重复上诉。①

③预分析

上诉人提交登记信息陈述后，法院即开始对案件进行预分析：

a. 法院设立了多个合议审判庭的，确定相关案件是否可由同一合议庭审理；

---

① 参见美国律师协会司法管理分会减少诉讼费用与迟延律师特别会议研究委员会的报告：《准备上诉记录：解决一般问题的研究与指南》1994 年 9 月。（*Preparing the Record on Appeal*：*Study and Guidelines for Solving Common Problems*，September 1994）。

b. 确定是否应依规定对记录准备加以特别监督；

c. 确定是否符合指定法律援助律师的条件；

d. 确定案件后续阶段的日程安排，包括法庭会议及口头辩论；

④再分析

收到当事人的法律理由书后，应当再次进行分析，包括：初步确定应否扩大、缩短及否决口头辩论，确定涉及类似问题的案件是否应当同时审理，依照有关规定确定是否接受或欢迎（鼓励）法庭之友的法律理由书。

⑤管理

案件流程项目的管理由法院职员负责，受首席法官的监督。每一法院都有一名法官或职员专门负责从该法院提起上诉的记录准备事务。

严格说来，案件流程管理是最高法院首席大法官或上诉法院首席法官的职责，但是其他法官亦应当提供必要的协助。应当委派职员一定的任务，让他们依据指南的授权根据待决案件的数量调节案件的分派。案件流程管理计划的成功实施主要依赖于将全部事项置于严格监控之下，以便及时提供需要的信息，迅速发现并纠正案件进程的中断，即时准确地处理法院的日常通讯交流往来。它还依赖于通过不断研究法院的程序来适应情况变化。这一研究工作亦应当由职员完成。

每一初审法院都应当有一位职员专门负责与上诉法院进行联络。该联络官可以是初审法院的须额外承担上诉法院工作职责的一名职员，或者是上诉法院的一位职员——被指派到有大量案件上诉的初审法院。设立联络员有助于保持对刑事案件及对法院书记官准备副本监控的连续性。

3.6.3 上诉案件审结期间

①目的

应当将时间标准作为管理的一个目标，以帮助实现高质高效的案件管理。案件所涉及的法律问题复杂程度不一，法庭诉讼记录长度不一，因而没有适用于各个上诉案件的单一固定时间标准。为检验上诉法院处理案件的效率，法院可以采纳一定标准，规定在任何特定期间内，在一定日期内完成每一上诉程序的上诉案件的百分比。然而，某些案件具有独特性，以至于无法设定一个目标——在一定期间内案件必须解决。当法院为其审判庭制定时间标准时，应当参照③及标准3.53、3.54和3.55所制定的范本。

②总的时间标准

及时处理上诉案件有赖体系内的管理人员、律师及审判人员的共同努力。参见标准 3.53、3.54 和 3.55。时间标准应当由各个法院制定，执行该标准者应参与制定并发表意见。这些时间标准并不需要成为上诉法院的规则。相反，它们的目的是建立一个定期评估及不断完善法院必须实现的目标的框架。为实现这些目标，各州可以制定不同的规则及程序。时间标准的作用即是确立一种评价那些规则及程序是否成功的方法。

③参考范本：最高法院的时间标准。

（1）从接到申请诉讼案卷移送令之日或上诉通知提交之日起 290 日内，50% 的案件应当审结；

（2）从接到申请诉讼案卷移送令之日或上诉通知提交之日起一年内，90% 的案件应当审结；

（3）尽管存在记录篇幅长、问题复杂或其他特殊情形，其余的 10% 案件亦应当尽快审结；

④参考范本：中间上诉法院时间标准。

（1）从上诉通知提交之日起 290 日内，75% 的案件应当审结；

（2）从上诉通知提交之日起一年内，95% 的案件应当审结；

（3）尽管存在记录篇幅长、问题复杂或其他特殊情形，中间上诉法院所受理案件的其余 5% 亦应当尽快审结。

有效的上诉案件流程管理计划的一个重要内容是，建立一个可行的上诉案件进程时间框架（time frame）。时间标准为上诉程序的当事人确立了行为规范，并有助于达到上诉审判的要求。只有在迫不得已时，才能违反它。

上诉法院通过要求各方遵守时间标准，可以监控上诉进程，辨别诉讼迟延的原因，找到并纠正导致迟延的程序、管理或资源问题，而且也有了处罚滥用上诉程序的当事人的依据。上诉法院亦应当能够调整个别案件的上诉进程时间要求，确保根据案件的复杂程度适用较长或较短的时间标准，或者是根据正义的要求来调整时间。

五年来，通过对全国各地不同法院的案件流程处理及减少诉讼迟延技术试验的精密分析，美国律师协会确信首要问题是须激发各家上诉法院制定自己的时间标准的兴趣。历史经验表明，一个固定的标准适用于全部上诉法院及所有上诉案件是不可行的。终审法院（Certainly courts of last resort，COLR）和中间上诉法院（intermediate appellate courts，IACs）并不适用同一的时间指导原则。

甚至终审法院亦不是全部适用同一的时间指导原则，大多数州设立了中间上诉法院而少部分没有，许多终审法院有死刑管辖权而其他一些却没有。个别法院可能会得出结论，所有的上诉案件都应当在一定期间内审结，但是可以采用一些在现行运作基础上加以改进但却未达到法院最终期望的暂定时间标准。

然而，时间标准不必采取那种不可变更的适用于每一案件的命令形式。它们可以确定在一个特定的期限内完成所有的上诉程序的上诉案件的一定百分比。这种制定时间指导原则的方法遵循了标准2.52为初审法院所制定的要求，该要求亦推荐适用于上诉法院。它承认并不是所有的上诉案件都相同，所有的刑事上诉、民事上诉或青少年刑事犯罪案件的上诉亦各不相同。上诉审判的时间通常是由下级法院所采用的程序决定：是简易程序还是陪审团审理。上诉时间亦可能由问题的复杂性及数量、放弃上诉的数量（淘汰率，wash - out rate）、地方法律文化等等决定。这种递增的案件百分比式的时间标准（incremental percentage - of - caseload time standards）可以使法院检验其处理整个案件总量的效率；而固定的标准，例如，280日标准，只能检测出法院处理某一上诉案件的效率。上诉法院首席法官理事会（the Council of Chief Judges of Courts of Appeal）及上诉法官会议（the Appellate Judges Conference）都强烈推荐采用这种递增的案件百分比式的时间标准。

经验表明，在制定时间标准过程中，那些工作受该标准监控者参与其中时最为成功。上诉法院在制定案件流程管理计划前应当征询初审法官、初审法院职员、法院书记官、法院行政管理官或执行官、上诉律师及上诉法院职员的意见。应当从上述的每一群体中选出一人作为上述法院时间标准"设计团队"的成员。[①] 这个设计团队将在识别问题并制定适合于法院特殊要求的计划方面提供宝贵帮助。在初期，全体的程序参与人的广泛加入亦被证明是对减少诉讼迟延改革的有力支持。

为终审法院和中间上诉法院提供的范本并不是以经验数据为依据的，但是代表了委员会——负责研究调查在美国大多数上诉辖区上诉应当进行多长时间的大多数意见。他们必须假定法院有足够的职员和设备以应对当前的案件负荷需求，而且他们无可否认的充满热情、富有抱负。已有的时间数据太少，所以无法准确估测美国上诉法院实际上所能达到的成绩。

---

① Rita M. Novak and Douglas K. Somerlot, *Delay on Appeal* (ABA 1990) 64 ~ 70.

州法官协会（the State Justice Institute）已授权州法院国家中心（the National Center for State Courts）收集、分析并定期公布各地上诉案件审理期间的有关数据。

3.6.4 管理工作期间

①常规复审

（1）记录。上诉法院应当确定提起上诉所需记录的组成。上诉通知提交后，双方当事人的律师应当协商一致确定：须向法庭提交的逐字逐句的诉讼记录及应当被包括在提交给法院的附录中的上诉所需记录。上诉通知提交后30日内，初审法院职员应当完成上诉所需诉讼记录准备，将其与庭审记录分开。

（2）庭审记录副本。上诉通知提交后30日内，应当准备好副本，并与庭审记录分开。上诉通知提交后10日内，上诉方律师应当向上诉法院证实：已向法院书记官或其他誊写者支付了相关费用。法院书记官或其他誊写者亦须向上诉法院证实：费用已付，并且法院书记官或其他誊写者已经知晓副本何时须准备好而且能够在此之前完成副本制作。

对于上诉程序而言，副本及诉讼记录准备是最基本的。实际上，在完成这两种文件的准备前，上诉法院或律师不可能进行诉讼。因此，有关上述二者准备的时间标准对于确保上诉的及时进行非常关键。由准备记录及副本引起的迟延有几种表现形式。提议的时间标准可用于识别和减少导致迟延的因素。

促进实现这一目标的途径有多种设计。它们必须与上诉法院规则相结合，至少在民事案件中是如此。这些路径包括制定一些规则，规定如下：1. 达成关于向上诉法院提交的记录中将包括的事实或事项的全部或部分约定；2. 包含那些通常理所当然被包括在上诉所需记录中的事项，除非当事人有相反约定。并且排除通常被省略的事项，除非当事人特别要求；3. 只有在上诉法院或当事人要求时，才提交证言副本于上诉法院；4. 当副本是计算机辅助副本（Computer Assisted Transcript，CAT）或"实时（real time）"的法庭报告时，通过电子方式以计算机可读的形式提交；5. 当下级法院采用录像作为正式的诉讼程序记录时，接受程序录像的有关部分作为副本；6. 当下级法院运用图像处理技术作为庭审现场（active）记录媒介时，通过电子方式提交法庭记录，或者在需要快速呈递法院记录时，通过传真输送纸质记录；7. 上诉法院监督复杂记录的准备工作；8. 通过打印和复印方式复制记录；9. 只准备一份记录，但是需要时法庭有权命令额外提交。理所当然地，当法院的法官驻扎在不同地点时可以要求提交一份以上的记录。

管理方面的时间标准已明确：副本和记录是分开准备的，并且由不同的人负责制作。上诉法院应当运用监控程序及预先提交的日程计划，以确保负责制作副本及记录者知晓提交的期日，并且当一份文件误期时得到及时报告。

若记录准备工作能尽可能做到简单，则常规复审记录准备 30 日期间对于多数法院而言已经足够，且已是最大的限度。构成诉讼记录所必需的法庭文件应当复印，或者可能时，应当运用法庭文件的原件。后一种方法为《联邦上诉程序规则》（*the Federal Rules of Appellate Procedure*）所采纳。应当审查全部的记录准备必备程序，并考虑修订。例如，加标签的方法就比注明页码的方法更有助于记录准备。

高效的程序对加快副本准备非常关键。在刑事案件中，提起上诉或有罪判决后复审的比率比较高，因而可以设定终局判决后自动准备副本的程序。在副本很长的上诉或是快速上诉中，可以建立只允许准备与上诉事项相关部分副本的程序。这种副本剪裁（选择）可以通过当事人协议、初审法院或上诉法院的律师完成。

在一些州（司法辖区），法院书记官不是政府职员。这时便可以采取适当的激励和处罚机制以促使他们遵守时间标准。若某一名法院书记官工作长期严重迟延，则上诉法院有权取消该书记官制作上诉副本的资格并作出其藐视法庭的记载。

技术进步有助于副本的及时准备。最值得注意的是声音电子记录（Electric Sound Recording，ESR）及电脑辅助副本制作系统（the Computer Assisted Transcription system，CAT）。在电脑辅助副本制作系统中，法院书记官的速记机器可以制作能被电脑阅读的磁带。电脑可以翻译特殊磁带中的速记密码，并在几小时内制作出一份副本草稿。不能忽视 ESR 和 CAT 这一类技术革新，而且当导致迟延的主要原因是副本太长时更应当采用新技术。

②快速复审

程序应当规定快速复审。此类复审，当事人应当达成有关提交上诉所需记录的协议，且此类副本的提交须在上诉通知发出后 10 日内完成。

③对非最终决定的复审

应当制定复审非最终决定的程序，并要求上诉所需记录和副本在上诉通知提出后 10 日内提交。如果需要副本，则提交上诉通知的同时须提交已经就副本制作支付费用的证明。

快速复审及对非终局命令的复审是标准上诉程序的例外，应当加以特别注意。对于快速复审，为协助法院书记员工作，当事人应当协商确定哪一部分记录为复审程序所必需。快速复审及非终局命令复审的记录提交实行 10 日的时间标准反映了它们的性质，并且强调了尽快完成这些案件记录的重要性。

④自由裁定的复审①

上诉法院在履行其自由裁量职能时，当决定是否应当受理就案件事实（on the merits）问题提起的上诉时，只需要与该决定相关的必要的诉讼记录，而且记录应当与复审申请同时提交。

⑤期间的延长

复审法院应当有排他的许可延长记录和副本准备期间之权力。

副本准备缓慢被认为是导致上诉迟延的最主要因素。确保及时准备副本涉及多个因素：责任、可说明性、相关资源的可利用性及程序有效性。副本准备的责任是通过确认上诉人及法院书记官为该文件的责任人来实现的。上诉人应当及时通知书记官制作副本并确认已经支付相关费用。随后，法院书记官应当证实费用已经支付并通知上诉法院副本可在指定时间内完成。这一程序与《上诉法院程序规则》的要求类似，需要上诉法院及书记官在时间框架内履行各自相应的职责。该程序亦要求法院书记官在出现任何的影响副本及时制作的特殊情形时通知上诉法院。在这种情形下，上诉法院拥有排他的延期许可权。

副本准备的期间标准亦反映了对记录准备的要求。特殊情形的出现，既影响及时准备副本，亦影响准备记录。因而，上诉法院采用高效灵活的只在必要时才允许期间延长的案件管理制度势在必行。

3.6.5 律师工作期间

①常规复审

记录及副本提交后 50 日内，上诉人应当提交法律理由书；收到上诉人的法律理由书后 50 日内，被上诉人应当提交法律理由书；并且，收到被上诉人的法律理由书后上诉人拟提出答辩意见的，应当在 10 日内进行。

有关上诉理由书提交的期间标准是合理的时间限制，类似于目前联邦的或

---

① 美国上诉审的一种形式。指由上诉法院自由裁定对案件进行复审，而非由当事人上诉引起的复审。

一些州上诉程序规则的规定。副本和记录的准备是分开进行的，因而法律理由书的提交期间应当从两者中最后一种提交之日起算，但是，最迟不得超过上诉通知提交后 50 日。

②快速复审、中间复审及自由裁量复审

上诉法院应当有广泛的自由裁量权，可以缩减这类复审提交法律理由书的期间。

③期间的延长

对于提交法律理由书期间的延长，复审法院应当有排他的控制权，只有特殊情形下才能批准；并且，出于正义的要求，有权缩减提交法律理由书的期间。

律师应当遵守并协助执行那些促进上诉的上诉法院全部的程序及计划。若延长期间动议的提出不可避免，则必须及时提出。撤回上诉案件或和解时，律师亦应当立即通知法院。

④口头辩论前的案件管理

法院应当全面管理口头辩论前的上诉程序，并应当运用日程安排令、程序监控、口头辩论前的选择（screening，甄别）与和解会议以及其他的有助于管理人员及律师遵守时间标准的方法。

近年来，许多上诉法院采用了口头辩论前选择（甄别）及和解会议。尽管其对审判工作量及质量的影响仍不确定，律师亦应当协助并鼓励此类方法实验的继续。口头辩论前会议可以用于探索和解的可能性，简化上诉问题，并可以讨论其他可增进和加快上诉处理的事项。

举行审前会议将使执行法律理由书提交期间标准成为必要。在所有的其他案件中，上诉法院应当有排他的权力，可以批准、否决或缩短法律理由书提交的期间标准。只有在特殊情形下，才能延长法律理由书的提交期间。进行快速复审和对非终局命令的复审时，应当考虑缩短提交法律理由书的期间。

3.6.6 审判期间

司法判决的作出是上诉程序的最后一个步骤。这一职能工作的期间标准涉及多个相关阶段。为缩短完成任务所需的时间，每一阶段都有多种选择。上诉法院应当根据案件的性质、法院的能力及人员组成情况灵活进行选择。

有效使用统一的律师职员（central staff attorneys）可促进合作并免除法官的对于案件集体决策责任无关紧要的职责。统一的律师职员可以负责案件的初步甄别，以帮助确定是否存在上诉管辖权问题，确定是否应当省略口头辩论，并决定意见的形式。可以委派统一的律师职员协调管理口头辩论前会议。最后，统一的律师职员还可以协调意见的分发（送），适当时可准备摘要，并且检查监督案件分派程序的运作。

收到法律理由书后，法院必须决定案件审理如何进行（to be presented）。两种常用的机制是：在合议庭或全体法庭前进行口头辩论，或者向合议庭或法庭呈递而不举行口头辩论。每一种方案都有相应的期间标准。

①常规复审

（1）口头辩论。上诉法律理由书提交后 55 日内，案件必须列入口头辩论日程。

（2）无需口头辩论的案件。案件向一个审判庭或全体审判庭（en banc）提出但是未要求口头辩论的，则上诉法律理由书提交后 35 日内，案件应当呈递至该审判庭或指定的法官。

（3）意见准备。自口头辩论之日或准备意见任务分派之日起 55 日内，应当完成意见准备。死刑案件及特别复杂的案件，意见准备应当自口头辩论之日或准备意见任务分派之日起 90 日内完成，准备期间应当由首席法官特别监控。

期间标准所涉及的另一个决定性阶段是意见准备。意见准备是上诉程序中耗费时日最多的。如此，意见应当与判决（decision）的性质相适应，并且适当时可以运用备忘意见。一般方针是，当案件的判决涉及已确立法律（well – settled）的运用或案件处理受制于本法院或上级法院的先前裁决时，则备忘意见已经足矣。但是，当判决涉及新法律的创设时，当判决解决了本法院或下级法院内不同合议庭间的冲突时，当判决并非获得一致同意时，或当判决关系到公众的实质利益时，则应当给出全面的意见。

（4）对传阅意见进行表决。拟就的法庭意见应当同时分送全体法官。收到传阅意见后 30 日内，书面异议应当全部提交。不准备提交书面异议的州最高法院法官应当在收到意见后 20 日内表明态度（支持还是反对）。不提交书面异议的中间上诉法院法官应当在收到意见后 15 日内表明态度。

审判职能的最后一个阶段牵涉到意见的传阅（若需要表决），以及意见处理。这些阶段与早期阶段一样，最重要的是上诉法官及法院其他职员的共同努力。参见标准 3.36 及 3.37。发布不出版的意见或作出决定而不附带意见，可以大大缩减这些阶段所需的时间。尽管一些评论家对运用这些有效的措施提出了严厉的批评，但是，并不是所有的上诉法官都赞同这些批评意见，而且最近的研究表明这些措施在上诉法院越来越普遍地得到运用。

（5）意见公布前的处理。本条所规定的用于处理最终公布意见的期间之外的总时间，不得超过 20 日。这其中包括提出异议所必需的时间。

②快速复审或对非终局命令的复审

自口头辩论之日或任务分派之日起 30 日内，州最高法院应当完成意见准备。自口头辩论之日或任务分派之日起 15 日内，中间上诉法院应当完成意见准备。

③备忘意见

无论复审的种类如何，自口头辩论之日或任务分派之日起 30 日内，应当完成备忘意见的准备。

3.7　上诉法院管理服务及设施

3.7.1　一般原则

上诉法院应当有肃静威严、舒适便利、高效现代的工作环境：足够的法庭、法官办公室、职员办公室及图书馆（室）等设施。它还应当配备从事法律服务及管理的人员，协助法官履行职责并承担那些无需行使司法裁量权的任务。法官及辅助人员应当配备自动化信息系统，运用高新技术。

上诉法院的法庭（courtroom 审判室）应当正规，其空间设计布置应当有利于法官与律师间的交流，确保法庭成员及律师能够很容易地相互看见和听见。法院大楼安保设施应当能保护全体使用人的安全、法官及职员的隐私，并能够监控来访者的活动。上诉法院不仅要为法官提供充裕的办公场地，还要为法官的法律助手、秘书及法院的法律职员及管理人员提供宽松的办公环境。法官的秘书及私人法律助手的办公室应与法官的办公室相邻。此外，它也应当为被临时指派到法院的法官提供适宜的办公室及相关职员办公场地，并为出庭辩论案件的律师提供临时办公室。法院应当配备充足的研究设施以容纳必要的参考资料——可以自动进入使用（实行智能化管理），设施的设计应能满足法官及职员进行秘密的个人研究的需要。

法院设施的规划、建设以及改造由法院行政管理办公室（The Administrative Office of the Courts，AOC）协调，它负责制定设施标准并负责协调和监管设施的建造、改造及维护。新的设施应当是有线的（wired）或者是装备最新技术的。

每一上诉法官都应当配有法务秘书及法律助手（legal assistants, law clerks），其任职条件由司法系统的规则确定，但是由法官选任并直接对其负责。法院应当设立联合的秘书处（secretarial pool）以处理额外的工作，必要时可以代替法官的秘书，并为临时来法院工作的法官提供秘书服务。法院还应当配备法律研究人员。上诉法院的大部分法律工作是探索性研究、分析及整理法律权威依据。对于法官的日常工作而言，这些任务通常既非必需亦无助于办案工作效能（productive）的提高。有人担忧，为法庭提供法律协助将不可避免地导致不适当的委托决定职责。但是这种担忧缺乏证据支持。相反，不为法官提供充分的协助只会导致他们不得不从事常规的研究工作，从而影响其更重要职责的行使。不过，还是应当谨慎限定并监控法院法律职员的职能，以免出现实际上将审判权授予法官之外人员的现象或表现为如此。

3.7.2　上诉法院行政官、职员、服务及职责

上诉法院的行政管理服务由法官领导，并遵照法院系统的管理规则和政策。服务由上诉法院行政官领导下的职员提供。职员须通过选任，升迁提拔前应进行考评，并且应获得充裕的薪酬。上诉法院行政管理官，遵照全州统一的行政管理政策，服从首席大法官的管理权威，在首席法官的直接领导下，提供管理服务并按要求行使管理职能，包括：

　　a. 参与管理政策的制定与执行；

　　b. 日程管理，执行监控案件流程及结案期间标准；

　　c. 综合管理全体职员的服务；

　　d. 人事、财务及档案记录的管理；

　　e. 受首席大法官或首席法官的委托，与地方政府、其他与法院有直接联系的机关、地方律师协会、其他社团组织、新闻媒体、普通民众及系统内其他法院进行联络；

　　f. 管理设备和设施，并在必要时采购外来服务；

　　g. 在法官集会时作为秘书；

　　h. 向州最高法院行政管理办公室报告，并在必要时征询其意见；

　　i. 培训教育非审判人员，并遵照全系统统一的标准协助法官实施教育培训计划；

j. 对法院目标的确定和实现作出计划并研究；

k. 监管法院的联合秘书处、文件的内部处理以及法院决定的公布及分发；

l. 管理自动化系统及其他技术。

上诉法院的管理日益复杂，需要法官的注意、专业管理人员的技术与辅助人员的支持。标准已经列出上诉法院行政官及行政人员在首席大法官或首席法官的领导下须履行的服务及职责清单，它们阐明了上诉法院管理的复杂性。该清单与《初审法院标准》对初审法院行政官的规定相类似。

最高法院需要两类人员来履行两种管理职能。一种是依照标准 1.40 及 1.41 的规定，形成并贯彻首席大法官作为司法系统行政首脑，最高法院作为司法系统管理政策的制定机关的管理权威。另一种是协助最高法院履行上诉复审职能。

对于规模较小的上诉法院而言，上诉法院行政官的许多职能则由法院职员行使。

3.7.3 法律职员 （legal staff）

①为法官个人服务的法律职员

每一上诉法院法官均应当雇佣合格的法律职员，① 其聘用及任期依标准 1.42 （b）ⅲ有关机要人员 （confidential employee） 的规定。法律职员的职责应当由聘用其的法官规定，并听从该法官的指挥。

---

① 工作繁忙的联邦地区法院的法官可以配备许多助手，他们都由法官自己任命和规定他们执行的任务。他们分别是地方法官 （Magistrate judge）、法官助理 （clerks）、法警 （bailiffs）、书记员 （court reporters）、速记员 （stenographers）、缓刑监视官 （probation officers），以及从 1971 年开始在联邦上诉法院和联邦地区法院同时开始设置的协助首席法官的行政管理工作的职业的行政管理人 （官）。联邦最高法院的大法官亦聘用自己的助理，每位助理都由大法官个人选任，为他服务一年，有时候也可以服务两年。这一惯例最先于 1882 年由格雷大法官在最高法院采用，他在担任马萨诸塞法院法官时候就开始聘任法律助理，而他的判决意见往往总比他的同事长很多。他聘任刚刚毕业的哈佛大学法学院高材生为他工作一年，并且从他自己的口袋里为他们支付工资，一直到 1886 年当时的国会拨出 1600 美元支付"速记助理 （stenograph clerk）"每年的工资为止。在 1973 年大法官们得以至少配备两名秘书之前，他们不得不满足于仅仅配备一名秘书，同时使用公用的速记员的安排。在 1948 年之前，只允许大法官拥有一名助理。大法官的助理工作任务繁重：一个星期一般要工作七天，90 个小时。法律助理是大法官在司法过程中非常重要的工具，也许是不可或缺的一个工具，但是很难被看作是隐藏在王冠背后那种真正的权力。他们的首要角色是从事研究工作，提供给他们的大法官需要的各种事实。因此，从根本上说，法律助理必须是能干、聪明并且一定能够经常为他们的大法官提供程序方面的帮助。但是，在任何意义上他们都不是最高法院的成员。详见亨利·J·亚伯拉罕所著《司法的过程》一书第 177～178 页及第 283～290 页，北京大学出版社 2009 年版。

多年来，为上诉法官配备法律职员，且法律职员由其委任并根据法官的需要及喜好的方式管理的传统已经被证明是可行的。法官对其职员工作职责的安排清晰无误，并且法官与其职员间通常存在密切的私人关系，这样一来就没有必要对这些职员的职能加以严格限定。

许多上诉法官喜好委任新近毕业的法学院学生作为职员。这些年轻律师具有较强的能力、充满热情、精力充沛，能够长时间地连续工作，并且掌握最新的法律进展——为法学院所讲授。其他一些上诉法官则喜欢选择那些工作经历较长、熟知法院程序并了解案件中反复出现的法律问题的法律职员。

上诉法院关于法律职员的职位、薪酬的计划应当满足法官在这些方面的个人偏好。案件负荷较重的法官应当有权委任多名职员，且其中至少有一名职员可根据薪酬计划长期被聘任。法官选择职员的自由应当受到依据标准 1.42（b）ⅲ规定所确立的资格条件的限制，以避免职员成为一个受庇护照顾的职位。

②共用的法律职员（Central legal staff）

依照法院内部的运行程序，上诉法院统一配备的共用法律职员由首席大法官或首席法官领导。应当按照标准 1.42 的规定聘任公职律师（staff attorneys）。全体公职律师，包括负责管理的律师，均应当听从法院指挥。在许多的（如果不是大多数）上诉法院，公职律师在案件流程管理及在联系从事管理的职员与负责审判和政策制定的法官方面发挥着关键作用。根据各个法院的不同情况，每一上诉法院均应当确定是否其所属的部分或全体公职律师应当提供最长期的服务。全体公职律师，包括职员主管，均应当按照标准 1.42 的规定委任，具体执行依据标准 1.32 制定的规则。全体公职律师（包括职员主管）的职责与义务均应当依据法院内部运行程序及依照标准 1.32 制定的系统内上诉法院通行的规则及规定以书面形式确立。

应当按照标准 1.42 的规定委任一名职员主管。职员主管应当协助首席大法官或首席法官组织并监督法院统一共用法律职员的工作。

共用法律职员的义务和职责可以完全包括，但是不局限于以下方面：

a. 监控、审查并根据法院制定的标准对案件进行预分类，并对常规程序性事项提出处理建议；

b. 协助制定包含类似或相关问题的案件的审理日程；

c. 准备案件分析、动议及提交到法院的其他事项（包括经过的程序、事实、主要问题、当事人的论点（contention 主张）、可适用的法律），并根据法院所实行的标准在适当时提出处理建议；

d. 审查所有由当事人亲自（propria persona）提出的事项，并采取必要的方法将其用正确且可理解的形式表达；

e. 必要时，对法官私人法律职员的研究进行补充；

f. 按照标准 3.53 的规定，代表法院监督复杂记录的准备。

此外，由于共用的法律职员经常面对反复出现的法律问题，他们能有效处理案件并识别决定中的冲突和不一致。根据许多上诉法院的实践，共用法律职员的职责除上述规定之外，还可以包括：

a. 通过准备在法院内部传播并且适当时可在法院外传播的命令标准格式、近期的决定摘要、摘录、索引及其他资料，帮助法院维持决定的一致性；

b. 起草命令和意见；

c. 起草程序规则或现行法院规则的修订稿；

d. 在需要时，协助法院处理有关加入律师协会或律师纪律处分的事项；

e. 参与司法培训或法律继续教育项目的准备及教学；

f. 根据法院的指派，作为法院的代表与律师协会或其他委员会进行联络；

g. 审查法庭意见草案以发现错误或不一致之处；

h. 参加审前会议（prehearing）及和解会议（settlement conferences）。

根据各个法院的惯例、政策及需要的不同，法院职员、共用的法律职员、法官助手（law clerk）及法院的其他行政管理人员的职能划分亦有所不同。法院内部的运行程序应当明确界定法院全体辅助人员的相应职能。共用法律职员的组织及运作应当在首席大法官或上诉法院首席法官的全面领导下，首席法官应当依据法院内部的运作规则及系统内上诉法院通行的程序和规则将管理职责授予职员主管。

3.7.4　图书馆设施及服务

①每一个上诉法院都应当建立并维护，或者是利用一个公共的、由专业人员管理的图书馆。图书馆与法庭设在同一栋办公楼内或者在法院办公楼附近。图书馆应当有足够多的、最新的、基本的和常用的法律图书及其他资料——可供每一法官、职员律师、法官助手和上诉法院其他人员及其他有法律信息需求人员直接参考。

②法官、职员律师、法官助手和上诉法院其他人员应当随时可以进入符合

标准的、自动化的法律研究及相关资料数据库。根据依照标准 1.32 所制定的法院系统的规定，其他的法律信息需求者亦应当能够利用这些资料库。

上诉法院图书馆是上诉法官进行决策所需信息的主要来源。成本效益分析研究（Cost – benefit Study）表明，与手工的研究处理方法相比，在上诉法院图书馆及研究中运用新技术，费用较低而效率更高。大多数的法院系统给每一位法官提供了一间基本的图书资料室，但是资料的范围可能仅限于法官管辖权内的报告及法令。这一局限可以通过让每一法官进入自动化的法律研究及相关数据库而消除。

③在受过职业培训的、合格的图书馆馆长领导下，上诉法院图书馆应当构造合理、目的明确。馆长及其他专业服务人员应当根据标准 1.42 聘任。

上诉法院亦应当推行技术革新，避免出现上诉法院图书馆收藏及服务不足、缺乏专业管理等现象。法院亦可求助于美国法律图书馆协会（the American Association of Law Library）。该协会 1998 年修订了《上诉法院图书馆标准》（Standards for Appellate Court）。

④上诉法院图书馆的开支应当纳入法院系统预算，并向其提供与其职能相称的资金。法院系统应当与其他单位共享上诉法院图书馆管理权以确保图书馆的需求（包括技术）能够得到满足。

上诉法院法律图书馆图书及服务的完善需要协同计划和组织、集中的财政支持及州法院系统的控制。为确保资源均匀合理地分配，避免出现各个法院间在图书馆收藏内容、数量及提供服务方面产生巨大差别，这种计划、资金支持及控制是必要的。计划、资源分配及管理亦为法院与其他图书馆间在技术、收藏及服务方面进行共享所必需。

3.7.5 公共信息服务

在首席大法官或首席法官的直接领导下，在上诉法院行政管理官办公室的帮助下，法院应当向公众提供信息服务：发布信息并回应涉及法院、司法资源及案件审判的阶段及处理情况的质询。当法院作出了涉及普通民众利益的意见时，应当及时向受影响的民众及新闻媒体提供副本。应当特别注意与新闻媒体的交流，包括提供法院工作情况的一般信息及让其接触具有新闻意义的需向公众披露的事项。法院还应当向小学、中学及大学学生、士兵俱乐部（service club）及其他社团组织提供有关其工作及司法体系的书面和口头陈述介绍。

法院要维持公众对其的信赖和支持，则不仅需要履行审判职责，亦需要有效地表现并传达已经履行职责的事实。而且，作为政府（government）的一个特别依赖于被统治者满意的分支（branch），法院系统有义务让其活动接受监督和审查。为了履行这些义务，上诉法院总是，并且将继续遵守其向公众、媒体及利害关系人公开系属案件及其他有公共记录的事项。在现代信息社会，公众对法院的了解极大地依赖于新闻媒体的传播。为了履行其对新闻媒体及利害关系人的信息披露职责，法院应当向公众提供快速接近的路径，建立系统的程序，运用最新技术以回应质询及传达有关其活动的信息。

为确立这些程序，法院应当承认其与新闻媒体间存在不可避免的紧张。新闻媒体的目标是向公众提供与法院活动相关的信息；而法院的目标是确保正义在每个案件中得到实现。上诉法院应当积极帮助新闻媒体获得有关法院活动的准确描述，并制定指导媒体报道法院所处理事项的指南。并且，法律还限制法官对任何法院中的待决案件或问题进行公开评论。参见美国律师协会的《司法行为模范法典》（1990）法条 3b（9）。亦可参见法条 5a（3）（d），它禁止法官候选人发表有关那些很可能被提交到法院的案件、争议或问题的言论。

信息交流程序应当在首席大法官或首席法官的指导下由上诉法院行政管理官负责执行，或者，当问题涉及全州时由行政管理办公室执行。法院行政管理官指定一名受过训练的职员作为公共信息官（public information officer），负责接受对法院受理事项的质询，将问题交由可提供必要答复的法院雇员，帮助获取对公众开放的文件的副本，在有关法官的同意下提供诉讼摘要及法庭处理情况，定期制定并公布全部案件审理及口头辩论日程表，帮助新闻媒体的代表出席公开审理的案件审判，并且，在适当情形下，采访法官和法院官员。

公共信息官还应当负责分发法院的定期工作报告、程序、法院官员编写的公众目前关心的问题的最新进展情况或法院其他单位编制的对媒体有用的信息。

法院应当帮助新闻媒体报道法院的活动，提高质量，拓展深度。法院，通过法官和职员，向记者介绍其组织、管理及程序。法院还应当寻求律师的帮助，方法是创建律师委员会或专门小组——新闻媒体代表可以向其咨询法院程序技术方面问题和实体法问题。律师协会亦可以向法院提供帮助，通过为有兴趣的新闻媒体代表就当前的法律问题举办研讨会及就受到普遍关注的问题举行非正式的由媒体代表、法官、律师、法院职员参加的讨论会的方式进行。

有效地履行上诉法院的公共信息服务职责必然涉及自由裁量和判断的慎重

行使。在开展司法活动时，法院必须保持克制和公正的形象，对不公开的事项应保守秘密。不适当的或非理性的（哗众取宠）公开以及不妥当的（欠考虑的）评论特定事项只会削弱公众对司法系统的信心，还有可能导致当事人利益的损害。同时，法官及法院职员处在一个特殊的位置，可以帮助媒体代表理解重要司法事件的意义从而准确地向公众报告和解释。法院的公共信息服务，遵照上述注意事项运作，就可以提高公众对司法审判的理解，强化公众对法院的信心。

法院的公共信息服务职责还包括提供书面及口头的介绍，向民众，包括小学生、中学生、大学生、士兵俱乐部及其他社团组织解释说明法院及司法系统。为说明法院在三权分离政体制度中的职能，一些辖区运用的一个有效方法是，邀请州府官员和地方官员，包括议员，到法院进行特定的"法院日（day in court）"活动，亲身观察体验上诉法院发生的一切。

3.8　上诉法院的技术运用

3.8.1　一般原则

上诉法院应当成为州法院自动化系统的一部分，详见标准 1.60~1.63。除自动化信息系统之外，上诉法院还应当采用高新技术，正如标准 1.64 所规定。自动化信息系统及其他高新技术应当运用于上诉法院的全部工作，为全体法官及其助手、行政辅助人员及附属服务人员所用。

标准 1.60~1.64 规定了自动化信息系统的框架及组成，并规定了初审法院和上诉法院对高新技术的运用，使之与整个州法院系统及构成兼容一致。

上诉法院应当运用计算机及其他技术以提高案件管理效率，减少诉讼迟延。计算机技术对于上诉法官及其助手而言是最基本的，可以帮助他们处理案件，为其进行最广泛研究提供可能。在广泛而快速分发意见方面，在法官与职员间进行交流方面，在保障法院的人员及意见安全方面，以及在为上诉法院提供附属服务方面，电脑技术亦是有效的、不可或缺的。

3.8.2　为上诉法官及其助手提供技术支持

上诉法官及其助手应当可以应用下述适当的技术及服务：

①装备电脑硬件及软件的办公室

它可以提供：a. 安全的办公室及在法院局域网内进行文字处理的能力；b. 访问全面的自动化法律研究调查系统；c. 进入不同的知识数据库，这有助于上诉案件决定的作出；d. 进入上诉法院的案件追踪及管理信息系统；e. 进入信息全面的全州性的律师数据库；f. 接收和发送电子邮件。

上诉法官的办公室应当配备安全性较高的电脑局域网络系统，以提供文字处理支持，以便上诉法官、职员律师、法官助手及书记员协同工作、从事研究以作出上诉决定。还应当提供同样安全的内部的电子通讯系统，以便上诉法院或审判庭的法官能够通过网络共享备忘录及意见草案，进行复核。

法院在面对争议中出现的不常见问题时，可以应用医疗、机械及其他在线数据库获得有价值的背景信息。

电子邮件及传真为法院内部进行交流所必需，对于那些法庭成员彼此间相距较远或审判庭需要在不同地点开庭的法院而言更是如此。

②高速及高质量的打印

配备的电脑或终端打印机应当能够访问自动化的（电子数据化）法律研究档案，这样就能够对州和联邦的已经出版的意见及法律、未出版的意见以及上诉法院系统职员自己撰写的备忘录进行事项索引查阅和全文检索。访问全面的自动化的上诉案件追踪及管理信息系统可以及时准确把握与上诉案件有关的文件及法令信息，这也是基本的、必需的。访问包含办公地址、电话号码、传真号码、隶属事务所及当前执照状况等内容的全州性的律师信息数据库，对于上诉法院的职员非常有帮助。

③便携式电脑的配备

应当为须在不同地点进行审判的上诉法官，或者，为在家使用或流动使用设备的上诉法官提供便携式电脑。

应当为首席法官和合议审判庭庭长提供相应的追踪软件、对意见起草分派任务情况追踪的电子技术支持以及安排口头辩论及其他审理日程的软件。应当为那些巡回州内各地审判的上诉法官、经常在办公室外或正常工作时间外工作的法官配备适当的电脑。

④电脑使用培训

上诉法官不必成为电脑应用方面的专家，但是他们应当且必须参加满足其需要的特定技术运用培训。法官及其助手需要培训，这将使他们更容易获取与决策处理相关的信息，有助于作出高质高效的决定。高级培训应当提供给那些对扩大电脑及技术工具应用有兴趣、有需求者。

⑤传真

⑥可以提高上诉法院的决策效率的其他高新技术

应当不断地推广运用其他新技术，例如，电视、电话会议及影像传输，以支持更高效率、更低费用的上诉处理方法。

3.8.2 上诉法院的信息支持

对于上诉制度的有效运作而言，上诉法院拥有全面的自动化案件信息系统及其他支持运营的技术数据库及程序是必不可少的。上诉法院行政管理机构必须维持一个自动化的"上诉案件追踪及管理信息系统"及其附属数据库和相关技术服务，以便为下列活动提供自动化支持：

a 案件处理（提交、诉讼登记、编制索引、安排日程、通知、命令、训令等等）；

b 指挥和监控下级法院提交记录及诉讼记录抄本；

c 通知并监控法律理由书的提交；

d 案件处理前后诉讼记录的管理与控制；

e 上诉法院的办公室可在线查询案件信息，律师及公众则可远程查询案件信息；

f 案件流程管理、控制及统计；

g 访问全州的律师综合数据库；

h 人事工资管理、财务管理（包括，准备预算）及资产总量监控；

i 桌面出版（为手册及程序规则之出版所需）；

j 意见出版及电子版分发；

k 查询法律。

上诉法官助手办公室负责保障上诉法院系统的有效运作，它支持上诉的运营并根据标准 3.51～3.54 的规定处理诉讼迟延。它可以提供：必需的案件审理历史及现状信息，监控案件的进程及在程序规则规定的期限内提交必要的文件，通知下级法院、法院书记官及律师提交需要的材料，发布案件受理通知，以及分发法庭意见。

要有效地履行这些职责，则上诉法院的行政管理及文书工作应当有综合的自动化案件追踪管理信息系统的支持。此外，系统中的信息可以通过设备在上诉法院的办公室获得，而且律师及当事人可以运用电脑通过电话线（因特网）

进行远程查询。信息系统必须提供统计信息以便管理员识别单个案件、系统的趋势与存在问题。访问律师综合数据库对于上诉法院系统的全体构成成员单位都是必要的，对那些从事辅助工作的办公室而言尤其重要，因为它们要负责律师注册登记、律师准入、法律继续教育及纪律处分等事项。

法庭意见在公布之日，即应当可为所有感兴趣者通过电子方式获取，且应当为印刷商通过电子方式获取，或者，通过兼容磁盘、磁带或照相制版方式送交印刷商。桌面出版系统或先进的文字处理软件应当用于高效率的法庭内部意见准备、手册编制、程序规则书籍的制定等等。

在意见公布之日或其后不久，大多数上诉法院将向从事意见的商业出版服务机构提供一份电子版。某些情形，信息即刻就提供给了那些服务商。有时，也可能要过好几天才提供。大约经过三周，书样即可出来，并且经过三个月到一年左右，案件的判决意见即可以书本形式出版。

管理活动，例如，工资造册、人事、财务活动，应当有必要的技术支持以满足上诉法院系统的其他的运行要求及职责，详见标准 1.64 之规定。

3.8.3 上诉法院对其他技术的应用

除为上诉法院（法官）办公室、书记员及行政管理人员提供技术支持外，法院还应当运用其他高新技术，例如，电视电话会议、影像传输技术、条码及其他译码以及电子数据交换（EDI），以实现上诉程序的高效率、低耗费。

工商企业及政府的其他分支在技术的开发应用方面一直保持领先地位，而传统上，法院比较保守，往往要等到其他法院应用新技术取得成功后才使用。

电视会议——在工业及教育领域运用得非常成功，为那些置身于幅员辽阔的州、与法庭相距遥远的律师参加远程口头辩论和审理带来了美好前景。多家法院已经试验了这一技术。影像传输技术为多方当事人同时使用案件记录及法律理由书提供了一种新方法，并且可以减少其准备及复制费用。条码及其他译码为上诉法院书记官办公室改进记录管理带来了希望。而且，不远的将来电子数据交换技术（EDI）会终结初审法院和上诉法院中的绝大多数的纸质文档传递。

第四章

《上诉法院标准》与民事诉讼程序的关系

4.1 美国民事诉讼程序概述

在美国法中，诉讼规则是调整诉讼案件如何展开和运作的规则——提出什么诉讼文件，诉讼文件中应当包括什么内容，诉讼文件何时必须提出，每一方必须给予对方当事人哪些信息资料，以及一方当事人如何从对方或其他证人处获得信息资料等诸如此类的事项。[①] 在美国诉讼程序中，法官的职能是参与性的，而并非法律实施的中心，主要部分由陪审团及当事人进行。

美国法律制度的一个重要特征是，所有非刑事案件均由同类法院以基本相同的程序规则来审理。"民事程序"是指处理非刑事案件的规则的法律领域。因此，民事诉讼程序法不仅支配私人当事人（private party）之间关于诸如合同、财产以及不法行为之类事项的诉讼，而且支配着除刑事外的公法纠纷审判——涉及立法合宪性诉讼、成文法与行政法规的解释问题、政府官员行为合法性诉讼及有关行政与管理机构所获授权范围的诉讼。可以说，美国的民事诉讼程序规则适用面广，极为重要。

美国的民事诉讼程序亦较为复杂，既有联邦法院适用的联邦民事诉讼程序规则，又有各个州法院适用的州法院民事诉讼程序规则。20 世纪的程序改革开始于 1937 年颁布、1938 年 9 月 1 日生效的《联邦民事诉讼规则》。与程序改革密切联系的是授权法官公布程序的细则。"联邦规则"本身也是在联邦最高法院被授权制定规则后才颁布的。"联邦规则"为各州取代陈旧过时的程序树立了一个榜样。到 20 世纪中期，几乎有一半州都循着联邦的方向，授予法

---

① 史蒂文·苏本、玛格瑞特 Y. K. 伍. 美国民事诉讼的真谛 M］. 北京：法律出版社，2002. 22.

院制定规则的权力。① 在美国联邦程序规则中,《联邦民事诉讼程序》(Federal Rule of Civil Procedure)与《联邦上诉程序规则》(Federal Rule of Appellate Procedure)是各自独立的制定法。同样,每一州也都有自己的民事诉讼规则。各州的程序规则亦具有复杂多样性,有的州的民事诉讼程序是由州议会制定,有的州则是由州最高法院确立。但是,大多数州都是将初审程序与上诉程序分开制定的。

上诉程序规则由规则和惯例组成,上诉法院将其运用于复审初审法院的判决。上诉复审发挥着几大功能,包括,纠正初审法院的错误、发展法律及实现法院间判决的统一。上诉法院规则主要关注如下几个主要方面:什么样的判决可以上诉,如何提起上诉,推翻下级法院的判决需要什么条件,(例如存在"滥用自由裁量权"及"明显错误")以及当事人需要遵循的程序。

一般而言,只有终局判决才可提起上诉。《美国法典》主题28 第1291 条(28 U. S. C. § 1291)规定的"终局判决规则",赋予了上诉法院对区法院绝大多数案件的终局判决的上诉管辖权。然而,终局判决规则也有例外。主要有:初审法院犯了明显而根本性的错误、初审法院是否有对事管辖权或案件是否涉及宪法性问题。终局判决规则的另一个例外是,《美国法典》主题28 第1292 条(28 U. S. C. § 1292)有关对非终局(中间)判决上诉的规定。在上诉法院,争议主要围绕当事人所准备的法律理由书而进行。这些法律理由书阐述被上诉的问题,提出支持各自立场的法律权威依据和观点。案外第三人可以提出可能影响上诉法院判决的"法庭之友"法律理由书。

极少数上诉法院允许口头辩论。若进行口头辩论,则主要用于阐明法律理由书中所提出的法律问题,而且通常有时间限制。

联邦上诉法院适用《联邦上诉程序规则》,而各州的上诉法院适用其自己州的上诉程序规则。

自1938 年以来,大多数的州以联邦民事诉讼程序规则为蓝本,自行修订了它们的诉讼法典。"大约一半以上的州是以联邦民事诉讼规则为范本而确立本州的民事诉讼规则。其余各州也在很大程度上借鉴了联邦民事诉讼规则的内容。"② 从此后,各州的诉讼程序已逐渐主要遵照联邦诉讼程序。现今所指的

---

① 伯纳德·施瓦茨. 美国法律史 [M]. 北京:中国政法大学出版社,2007. 224.
② 史蒂文·苏本、玛格瑞特 Y. K. 伍. 美国民事诉讼的真谛 M]. 北京:法律出版社,2002. 23.

美国民事诉讼程序，不论是在比较法还是在法学院的教学指导书上，通常都是指联邦规则。因此，本章我们主要讨论联邦上诉程序规则与上诉法院标准制度的关系。

除此之外，"在联邦和州的系统中也还有另外一些民事程序方面的法律规范。每一法院（联邦地区法院和州审判法院）都有一些地方性规则以调整诉讼中的一些技术性问题，如可以使用何种规格的文件、书记官办公室何时开门接受诉讼文件的提交等。而且，许多法官作出被称为'现行命令'的裁判，以解决其本人在处理案件中出现的具体问题。例如，某法官可以坚持要求在某些诉讼文件中必须具有比有关的制定法、程序规则或地方规则所要求的更为详尽的细节。"① 美国民事诉讼制度如此繁杂，所以致力于司法统一的美国律师协会认为必须制定与法院有关的一系列标准来帮助各州法院规范审判和管理。

4.2 美国《联邦上诉程序规则》概要

美国《联邦上诉程序规则 Federal Rules of Appellate Procedure》② 由联邦最高法院 1967 年制定，1968 年颁布。迄今为止，上诉程序规则进行过多次修订：1979 年 4 月 30 日修订，1979 年 8 月 1 日生效；1989 年 4 月 25 日修订，1989 年 12 月 1 日生效；1994 年 4 月 29 日修订，1994 年 12 月 1 日生效；1998 年 4 月 24 日修订，1998 年 12 月 1 日生效；2002 年 4 月 29 日修订，2002 年 12 月 1 日生效；2010 年 4 月修订，2010 年 12 月 1 日生效；最新修订于 2011 年 12 月 1 日生效。③ 这些规则适用于通过联邦区法院提起的所有上诉案件，虽然它们不适用于州法院，但是许多州的规则几乎完全是以此为范本制定的。

《联邦上诉程序规则》分为七章，各章主题如下：

第一章、规则的适用范围

第二章、对区法院的判决和决定的上诉

第三章、对美国税务法院决定的审查

第四章、对行政机关、委员会或行政官的决定的审查或执行

---

① 史蒂文·苏本、玛格瑞特 Y. K. 伍. 美国民事诉讼的真谛 [M]. 北京：法律出版社，2002. 25.

② Federal Rules of Civil Procedure by Foundation Press New York 2004. 561~614.

③ Federal Rules of Appellate Procedure [EB/01]. http://www.law.cornell.edu/rules/frap/

第五章、特别禁令

第六章、人身保护令、法律援助程序

第七章、一般规定

《联邦上诉程序规则》共48条，为便于下文讨论其与《上诉法院标准》的关系。这里对有关的重要规则的内容做一个简单的介绍。

规则3. 作为权利的上诉——如何提起。

（a）提交上诉通知。（1）法律许可的作为权利的上诉——从区法院向上诉法院提起——只能通过向区法院职员提交上诉通知而发起。

（b）上诉的合并。

（c）上诉通知的内容。

（d）上诉通知的送达。

（e）上诉费用的缴纳。

规则4. 作为权利的上诉——何时提起。

（a）民事案件的上诉。

（1）上诉通知提交的期间。

（b）刑事案件的上诉。

（c）被羁押者的上诉。

（d）上诉通知误向上诉法院提交时的处理。

规则5. 许可上诉。

（a）提出上诉许可申请。

（b）申请书的内容、答辩或反申请、口头辩论。

（c）申请书的格式、副本的数量。

（d）上诉许可的授予、上诉费用、上诉保证金、法庭记录提交。

规则28. 法律理由书。

（a）上诉人的法律理由书。规定了上诉人须提交的法律理由书应当包含的11个方面的内容。

（b）被上诉人的法律理由书。

（c）答辩理由书。上诉人针对被上诉人的法律理由书可以提交一份答辩理由书；提起反上诉的被上诉人可以针对上诉人对反上诉的回应提交一份答辩理由书。

（d）当事人的指代。在法律理由书和口头辩论中，律师应当尽量少用

"上诉人"和"被上诉人"这些术语。为使法律理由书清晰，律师应当使用当事人的真实姓名、在下级法院及其他行政程序中使用过的称谓或者是描述性用语，例如，"雇员"、"受害人"、"纳税人"等等。

（e）记录的指代。

（f）所附录的法律、规则、规定等。

（g）（保留的）。

（h）（保留的）。

（i）涉及多个上诉人或多个被上诉人案件的法律理由书

（j）权威依据的引用。

规则 29. 法庭之友提交的法律理由书。

（a）允许提交的情形。

（b）申请提交法律理由书的动议。

（c）内容及形式。

（d）篇幅大小。

（e）提交的时间。

（f）答辩法律理由书。除非法庭准许，法庭之友不得提交答辩法律理由书。

（g）口头辩论。除非法庭准许，法庭之友不得参加法庭辩论。

规则 30. 法律理由书的附录。

（a）上诉人的义务。

（b）全体当事人的义务。

（c）附录提交的延迟。

（d）附录的格式。

（e）附录副本的数量。

（f）无须附录仅依据法庭原始记录上诉。

规则 31. 法律理由书的提交和送达。

（a）法律理由书提交和送达的时间。

（b）副本的数量。

（c）不提交的后果。

规则 32. 法律理由书、附录及其他文件的格式。

（a）法律理由书的格式。

（b）附件的格式。

（c）其他文件的格式。

（d）签名。

（e）各个上诉法院变通规定。

规则 33. 上诉会议。

规则 34. 口头辩论。

（a）一般规定。

（b）口头辩论的通知、延期。

（c）口头辩论的次序和内容。

（d）当事人缺席。

（e）申请依据法律理由书简易审理。

（f）口头辩论时实物证据的运用。

（g）长度。

（h）提交的时间。

（i）答辩法律理由书。除非法庭准许，法庭之友不得提交答辩法律理由书。

（j）口头辩论。除非法庭准许，法庭之友不得参加法庭辩论。

规则 35. 满席听审裁决。

（a）何时可以命令满席听审或重审。

（b）满席听审或重审的申请。

（c）申请满席听审或重审的时间。

（d）答复。

（e）要求表决。

规则 36. 判决的登录和通知。

（a）登录。

（b）通知。

规则 46. 律师。

（a）出庭代理许可。

（b）出庭资格的中止和取消。

（c）纪律处分。

规则 47. 上诉法院自行制定规则。

（a）各上诉法院的规则。

（b）缺乏可适用法律时的程序。

规则 48. 法官助理。

（a）法官助理的委任及职权。

（b）法官助理的酬金。

4.3　《上诉法院标准》与美国民事诉讼程序的关系

美国的上诉案件一直在持续不断地快速增长。"在过去的 50 年里，联邦法院的民事上诉案件的增长速度比案件总体的增长速度快了 150%。正如我们所看到的那样，尽管当事人只能对判决提起上诉，且仅有 1/3 的民事案件是通过判决结案的情况下；尽管绝大多数案件在上诉时得到维持——在联邦法院系统是 80%～90%。这种高增长仍然产生了。"①

相比于初审程序，美国的上诉程序中体现出职权主义的特征、书面主义的风格和集体（协作）决策模式。"上诉法院的存在是为了对初审法院的决定进行复查。这种上诉的对象被限制于案件的法律问题，但在一些情况下，上诉法院也会对案件的事实问题进行处理，而这种处理要么是间接性的，要么是基于这些问题自身的法律根据进行的。在任何情况下，绝对地区分事实问题和法律问题都常常是极度困难的，而对这种区分作出最终判断（如果这一判断对于复审请求的同意而言是非常关键的话）的任务将必然落到上诉审判庭自己身上。在很大程度上，这种判断的作出依据的是该审判庭的法定权限，以及其具有的对复审的自由裁量权的程度和性质。"②

在美国诉讼程序中，上诉被视为一项独立的诉讼，而并非第一审的继续，而且它受有关上诉程序的不同规则体系支配。③"而且，这一'新的诉讼（上诉）'是在一个适用程序规则比初审法院更具技术性的系统中提起的。与别的司法体系不同，美国的诉讼体系是通过基本推定初审法院的判决是正确的基础

① Stephen C. Yeazell: Civil Procedure 5th ed. [M]. Aspen Law & Business Aspen Publishers, Inc. Gaithersburg New York 2000. 753.

② 亨利·J·亚伯拉罕. 司法的过程 [M]. 北京：北京大学出版社，2009. 110.

③ 杰弗里·C·哈泽德、米歇尔·塔鲁伊. 美国民事诉讼法导论 [M]. 北京：中国政法大学出版社，1998. 179.

上运行的。"① 美国上诉法院并不监督初审法院。它们仅仅对特定的被认为是错误的初审法院的判决有复审管辖权。在进行上诉审理时,它们也并不总是推翻初审判决,即使它得出结论(若由上诉法院来审判),它对某个问题的决定本来会与初审法院的不同。由于存在上述限制,从多个方面来看,对初审法院的判决进行上诉更像发动一场新诉讼而不是进入原审案件的新阶段。

"上诉是文明的司法制度中一项具有致命意义的重要部分。"② 弗兰克·M·柯芬将美国上诉程序的基本要素归纳为"依赖于下级法院的封闭性档案,对先前深思熟虑的判决以尊重的倾向进行审查,成熟的、持续的判决形成过程,实行合议庭集体决定,非常(虽然不是完全)依赖于对抗双方的口头和书面陈述,受职业惯例和规则的限制,使判决正当化的起草判决的规矩"等七个③。

笔者认为,《上诉法院标准》涉及上诉法院的管理和程序,针对的是上诉法院的组织、管理及审判等多个方面,目的在于促进司法统一,规范上诉法院的管理与审判,提高审判质量和效率,主要适用于上诉法院。并且,《上诉法院标准》还包括了一些刑事诉讼方面的内容;而《联邦上诉程序规则》主要是规定上诉审的具体程序,它不仅适用于上诉法院,还适用于当事人、律师、法官、陪审员、法警、书记员及专家证人等诉讼参加人。而且,它适用于所有的案件,包括刑事案件。通过详细对比《上诉法院标准》和《联邦上诉程序规则》,笔者发现,两者各有侧重,可以互为补充。前者主要关注的是上诉法院的管理和运作,后者则聚焦于上诉及审理的各个环节。总体而言前者的规定较为原则,而后者的规定则较为详细,便于具体操作,且带有较大的技术性。例如,两者都规定了上诉权、法律理由书、法庭之友、法庭职员的职责等等。但对于上诉复审范围问题和律师的责任问题,《上诉法院标准》作了明确规定,而《联邦上诉程序规则》却未设专条规定,只是在有关条文中有所涉及。同样的,针对有些事项,《联邦上诉程序规则》作了明确规定而《上诉法院标准》则语焉不详,例如,对于"无意义上诉(Frivolous Appeal)"的处罚等。尤其值得注意的是,《联邦上诉程序规则》用了较大的篇幅以第三、四、五、

---

① Stephen C. Yeazell: Civil Procedure 5th ed. [M]. Aspen Law & Business Aspen Publishers, Inc. Gaithersburg New York 2000. 753.

② 弗兰克·M·柯芬. 美国上诉程序 [M]. 北京:中国政法大学出版社,2009.8

③ 弗兰克·M·柯芬. 美国上诉程序 [M]. 北京:中国政法大学出版社,2009.7.

六章来分别规定"对美国税务法院决定的审查、对行政机关、委员会或行政官的决定的审查或执行、特别禁令、人身保护令和法律援助程序"等，而《上诉法院标准》却未对这些内容加以明确规定，只是在某些条款中简单地提及。

由于篇幅所限，笔者仅从上诉权、可上诉性、上诉复审范围问题及法律理由书等四个方面加以扼要分析对比，探讨说明法院标准制度与美国民事诉讼程序之关系。

4.3.1　上诉权

《上诉法院标准》3.10 有关"获得上诉审理的机会"的规定，明确了"上诉的权利"，即若案件审理是进行了记录的且判决以记录为依据，则诉讼当事人有权对终局判决提起一次上诉。例外是对标准 2.75 所规定的小额民事案件及 2.01 所规定轻微刑事案件的上诉进行限制，而且刑事案件的控诉方只有在特定情况下才能上诉。

《联邦上诉程序规则》第三条规定了"作为权利的上诉——何时提起"的问题，其关于"提交上诉通知"的规定为："法律允许的作为权利的上诉——从区法院向上诉法院只能在规则第四条限定的期间内通过向区法院的法律职员提交上诉通知而进行。提交上诉通知时，应当附上规定份数的副本。"规则第四条也同样是关于"作为权利的上诉——何时提起"的问题的，两条规则均由多款组成，非常详细，极具技术性。

其实，在美国法院，即使是明显错误的判决也只能由一方当事人——不服判决的当事人提起上诉。更有甚者，不服判决的败诉方可能无法赢得上诉法院对初审法院明显错误判决的撤销。两条法律原则导致了这一结果：一是仅允许受判决不利影响那一方提起上诉；二是通过各类处罚阻止上诉。在当事人的主张有多个而法院判决仅支持了部分主张时，在确定谁是败诉方的问题上便产生了困难。这时必须执行这样一个原则，即"不利判决"条件——判决所给予的救济并非当事人所请求的。

"上诉率的提高导致了许多州对上诉加以限制。联邦最高法院从未裁决认定存在宪法所保障的民事案件上诉权。因此，理论而言，一个州要么可以完全禁止民事上诉，或者，不那么引人注目地，将所有的民事上诉都交由上诉法院自由裁量而不是作为一种权利。但是，迄今为止，还没有一个州采取上述措施。美国的每个州都允许民事案件上诉一次；进一步上诉通常则须上诉法院裁量批准。"①

4.3.2 可上诉性——终局判决规则

《上诉法院标准》条文 3.12 规定了"可上诉的判决和命令"。(a) 终局判决。通常,只有在原审法院作出终局判决后,才能上诉或请求复审。(b) 中间复审。对于处理全部诉讼请求的终局判决之外的其他命令,只有在获得复审法院批准时才能提起即时中间上诉。要进行复审,法院须先确定命令所依据的法律问题的解决将有助于提前结束诉讼或阐明后续诉讼程序,或使一方当事人免受实际且无法弥补的损害,或是,阐明司法管理中一个关系一般民众的问题。

《联邦上诉程序规则》第四条规定的也是"作为权利的上诉——何时提起"的问题,其第一款是关于民事案件的上诉的规定。其中第一项是规定提交上诉通知的时间。在民事案件中,除非法律另有规定,规则第三条是要求的上诉通知必须在判决或决定登录后 30 日内提交;当美利坚合众国、其官员或机构为一方当事人时,任何一方的上诉通知可在判决或决定登录后 60 日内提交;对于允许或否决更正错误命令申请的决定提起的上诉被视为是民事上诉。

在美国,最重要的一条上诉程序规则即是规定上诉提起时间的。根据《美国法典》第 1291 条(28 U.S.C.1291),上诉只能在区法院最终决定作出后(有一些法定例外)才能提起。绝大多数州,但不是全部,采用这一模式。第 1291 条包含了最终判决规则,它发挥着两个作用:明确了提起上诉的适当时刻;授予法院上诉管辖权。最终决定就是"这样一种决定,它在实体上结束了诉讼,留给法院除了执行判决外再也没有别的"②。

4.3.3 上诉复审范围

《上诉法院标准》3.11 规定了"上诉复审的范围"。在审查初审法院的决定时,上诉法院应当确定:法院是否正确适用和解释法律规定,是否严肃公正地主持诉讼程序以保证不对当事人有偏见,并且判决是否以有合理证据支持的事实结论为依据。不得审议初审时未提出的问题,除非是为防止明显的不公正所必需或是涉及该法院的管辖权或下级法院的管辖权。应当承认,初审法院可

---

① Stephen C. Yeazell: Civil Procedure 5th ed. [M]. Aspen Law & Business Aspen Publishers, Inc. Gaithersburg New York 2000. 761.

② Catlin v. United States, 324 U. S. 229, 233 (1945).

以评估相互矛盾的证据并解决从证据中产生的推论矛盾。应当尊重初审法院的自由裁量权。

而《联邦上诉程序规则》对此问题却未有专门条款规定，只在部分条款中有所涉及，例如，在规则第二十八条"法律理由书"中提及了"复审标准（standard of review）"的问题。

事实上，美国诉讼程序中的上诉主要审查第一审是否依照正确的法律原则进行，以及是否受到不正常因素影响，而不是审查第一审判决是否为正确的结果。在美国法律体系的上诉审查中，名义上限于法律问题，但法院对于界定某一问题是属于法律问题还是事实问题，具有最后的决定权。[①]

4.3.4 法律理由书

当今，美国所有的上诉法院都面临着强大的压力，诉讼成本过大、诉讼迟延严重及日益膨胀的积案等问题引起民众的强烈不满。因而，无论是州法院还是联邦法院，都要求诉讼律师方面对于提起上诉的努力有一种清醒的觉悟。

《上诉法院标准》条文 3.31. "法律理由书（brief）"规定："有关法律理由书的规则应当为当事人提供足够的机会以书面形式提交意见（论据）。规则应当规定纸张大小、篇幅长度及法律理由书的编排等。法律理由书应当包含：有关下级法院审判程序的声明、提出的问题、相关的事实、有关可上诉性的管辖权声明、上诉复审的适当标准、当事人的争点及理由、所提及或包括的当事人认为有助于法院理解争议问题的记录的一部分。"

《上诉法院标准》条文 3.33 还规定了"补充提交法律理由书"：（a）当事人补充法律理由书。若法院不能通过原来的法律理由书或口头辩论全面了解案件中的事实、问题或相关权威根据，或者由于其他原因法院认为补充提交法律理由书可能有助于达成一个适当决定，则法院应当要求当事人补充提交法律理由书。当事人由律师代理时，当事人不得直接自行提交法律理由书。

而《联邦上诉程序规则》第二十八条关于"法律理由书"的规定，则非常详细，包括：上诉人的法律理由书、被上诉人的法律理由书、上诉人针对被上诉人法律理由书的答辩理由书等。

《联邦上诉程序规则》第三十条规定了"法律理由书的附件"，第三十一

---

① 杰弗里·C·哈泽德、米歇尔·塔鲁伊. 美国民事诉讼法导论［M］. 北京：中国政法大学出版，1998. 130.

条规定了"法律理由书的提交和送达",第三十二条还规定了"法律理由书的格式"。

此外,《上诉法院标准》还明确规定了律师在上诉案件中的职责。

《上诉法院标准》条文 3.41 规定:"每一律师均应及时履行准备及提交案件于上诉法院的职责,并且应当非常熟练而专业地履行律师职能,只提起那些能提出实质问题的上诉。"

标准注释部分也提到:律师首次提交的法律理由书有严重缺陷的,将受到训诫,并须提交新的法律理由书。相应地,律师不仅须应用有效程序管理自己的案件清单,且亦有义务安排好日程、准备法律理由书并按时出庭以免产生不适当的延误。① 上诉律师主要负责上诉案件准备,他们在制作副本及提交法律理由书方面的任何迟延都将引起上诉案件的长期拖延。对于反复迟延的律师,应当先行警告,其次可处以适当处分,包括公开申斥及剥夺其在上诉法院代理案件的资格。上诉律师有责任协助上诉法院依据全面信息(well - informed)及时作出决定。律师提出的法律理由书及辩论应当简明,法律依据充分,论证清晰。

而《联邦上诉程序规则》与此有关的规定是第三十一条(C)规定和第三十八条规定。

其中规则第三十一条(C)规定:"若上诉人未在本条规定的期间内提交法律理由书,或延期后才提交,被上诉人可以提出驳回上诉的动议。若被上诉人未提交法律理由书,则除非法庭许可,口头辩论时将不会得到听审。"而《联邦上诉程序规则》第三十八条"无意义的(琐碎的)上诉——赔偿金及费用"则规定:"若法院认为上诉是无意义的,则它可以在分别发出动议或通知并给予上诉人回应的机会后,给予被上诉人适当的赔偿金及一倍或双倍的诉讼费。"

总之,律师协会在法律制度尤其是法院改革运动中正发挥着越来越积极的作用。改进较多,成果不小。经过美国律师协会的不懈努力,人们普遍赞同和认可现代化的统一的法院结构所必须具备的一些要素。重建全国法院体制的运动势头愈来愈猛。已经有四分之一以上的州建立了统一司法制度,许多州进行

---

① 参见美国律师协会 1990 年颁布的《司法行为模范法典》 (*Model Code of Judicial Conduct* (1990)) 及 1983 年颁布的《职业行为模范准则》。

了改革。比较重要的改革是用全日薪给制的职业法官组成的法庭代替了治安法官。在大多数州里，各个法院自行其是、管辖范围重叠、缺乏有效的行政责任制等现象已经基本消除。

美国律师协会还制定了司法行政的最低标准。通过长期发展，司法行政本身正逐渐成为一门科学。美国已经产生了现代化的法院制度，例如，在加利福尼亚州和新泽西州。在上述任何一个州里，这些制度都较易于得到采纳和使用。

法院是法律程序中地位十分特殊的机构，且法院的组织和程序非常重要。人们越来越相信："正义的品质更多地依赖于那些执行法律的人的品质，而不是这些人贯彻执行的内容。"[1]

---

[1] Evan Haynes, The Selection and Tenure of Judges ［M］. Newark, NJ: National Conference of Judicial Councils, 1994. 5.

第五章

美国《上诉法院标准》对我国民事上诉审制度改革的参考意义

5.1 我国民事上诉审所存问题检视

我国现行审级制度是四级两审终审制，这是基于我国的基本国情而确立的。一般来说，一个民事案件经过两级法院审理就能够正确结案，不需要更多的审级，而且我国的地域广阔，很多地方交通并不十分发达，多审级会给当事人双方造成大量人力、物力和财力上的巨大浪费，也容易使案件缠讼不清，当事人双方的权利义务关系长期处于不稳定状态，不利于民事流转和社会的安定。实行两审终审，绝大部分民事案件可在当事人所在辖区解决，一方面可以方便诉讼，减少讼累；另一方面，也便于高级人民法院或最高人民法院摆脱审判具体案件的负担，从而集中精力搞好审判业务的指导、监督。① 由此可见，我国确立两审终审制更多的是考虑了诉讼效率和诉讼经济的原则。

但是，我国的"两审终审制"审级制度由于相关配套制度设计不完善，引发了司法实践中的多重问题：

（一）终审法院级别偏低，存在诸多负面影响

我国现行法院系统系由基层人民法院、中级人民法院、高级人民法院和最高人民法院四级法院组成的。现行司法审级制度是四级两审终审制。根据《民事诉讼法》关于级别管辖之规定以及最高人民法院先后颁发的几个有关民商事案件级别管辖的司法解释，绝大多数案件是由基层人民法院进行第一审，中级人民法院进行第二审（亦即终审）。司法实践中，多数情形下各个中级人民法院成为了民商事案件的终审法院，与其他国家的终审法院相比级别明显过

---

① 柴发邦. 民事诉讼法学新编［M］. 北京：法律出版社，1992：119.

低。对于由此而造成的问题，国内已有较多的研究和论述。陈桂明教授的观点比较有代表性，陈教授认为，我国的上诉审法院即终审法院级别较低，存在诸多弊端和负面影响：其一，终审法院的审判水平相对较低，致使第一审不公正的裁判难以通过上诉审得以矫正；其二，第一审法院与第二审法院之间通过经常的业务联络，不可避免地导致两级法院之间情感上的亲近，上级法院在第二审程序中有可能从情感出发，先入为主地轻信原审法院的处理，而对于某些非原则性的错误更容易"睁一只眼、闭一只眼"；其三，终审法院所在地靠近案发地，法院与当事人之间存在各种联系，使诉讼难以避免诸多人情因素，影响司法的公正性；其四，终审法院级别较低是地方保护主义形成和难以克服的重要原因。如果终审法院是省高级人民法院或者最高人民法院，地方保护伞便难以"显灵"；其五，在适用法律方面。因终审法院级别较低，常常因地而异，不利于法律的统一适用；其六，级别较高的法院由于较少实际处理案件的经验，对下级法院进行业务指导可能力不从心。近年来最高人民法院和高级人民法院充实了不少法律专业毕业的本科生、研究生，其专业知识水平较高而又较少实际接触具体案件，他们却负责对下级法院进行各种形式的业务指导，级别较低的法院常有怨言。不能不说这是值得注意的问题之一。总之，终审法院级别较低的状况能够引出诸多弊端，最终导致诉讼不公正。[①]

（二）上诉条件过于宽泛，存在滥用上诉权的现象

我国《民事诉讼法》第一百四十七条至第一百四十九条对上诉条件的规定非常宽泛，几乎没有任何实质性限制。对于法律规定可以提出上诉的判决与裁定，只要当事人在法定期间内向原审法院或其上一级法院递交上诉状和缴纳诉讼费，即可启动上诉审程序。无论民事案件的性质、标的额、案情，也无论当事人提起上诉系出于何种目的，只要当事人不服一审裁判，便可提起上诉从而启动上诉审程序，致使提起上诉的民商事案件繁多，且呈快速增长趋势，上诉审处于超负荷状态。

上诉条件宽泛虽有利于对当事人上诉权的保障，但由此也造成了诸多不利后果：一是浪费国家有限的司法资源。由于上诉基本无限制，当事人只要提起上诉，法院就须受理并作出裁判。但是绝大多数民事上诉案件，审判结果都是维持原判，改判或发回重审的比率不大。根据笔者对广西某市中级人民法院的

---

① 陈桂明．我国民事诉讼上诉审制度之检讨与重构［J］法学研究，1996．（4）：51～52.

调查，2008 年及 2009 年民商事二审案件改判和发回重审的比率均不到 20%。许多当事人耗费了大量的时间和金钱，却未取得任何效益。与此同时，还要耗费宝贵的司法资源；二是降低了司法审判效率。对于那些诉讼标的小，案情简单的案件，不管当事人出于什么目的和动机都可以发动二审程序。这从根本上违反了争议解决方式应当与所解决争议的性质相适应，亦即手段与目的相当的程序设计原理，有悖于根据事件类型需求的不同，分别选择其所适宜的程序保障内容，承认多样化的程序保障方式的立法潮流。① 三是容易引发当事人滥用上诉权的现象。由于上诉条件宽松，当事人可以出于非正当目的而滥用上诉权。一般地说，当事人提起不正当上诉的表现方式各异，但概而言之，不外乎以下几种：出于侥幸心理而提出上诉；明知上诉无理，但却故意利用上诉，赢得时间，以转移财产，逃避债务；明知上诉无理，却偏要上诉，目的是通过要无赖将对方当事人"拖累、拖倒、拖垮"，以使其束手就范，或无奈地与上诉人达成和解协议或被迫与上诉人达成调解协议；明知上诉无理，但却提起上诉并在上诉中不择手段获得胜诉判决；当事人受律师利诱、挑动而上诉等。②

（三）二审实行全面审查制，上诉范围缺乏限制

根据我国民事诉讼法第一百五十一条的规定，"第二审人民法院应当对上诉请求的有关事实和适用法律进行审查。"因此，我国实行的两审终审制就是由二审法院对事实进行审理，对适用法律进行审查，也就是说，第二审人民法院既是事实审法院，也是法律审法院。在这种情况下，法律适用很难得到统一。这一是基于我国的法院体系和法院管辖的规定，二审法院既可能是中级人民法院，也可能是高级人民法院，还可能是最高人民法院，不同的法院在理解和具体适用法律上难免有出入，使得对法律的适用无法达到统一；二是因为我国的民事法律还存在着不完善的地方，不仅规定上具有较大的弹性，有些甚至是空白，因此如何理解法律的精神，如何适用现有的法律规定，就会出现差异。而在纠纷解决过程中，法律适用能否公正是解决纠纷的重要保证，如果在理解和适用法律上得不到统一，就会导致对同一类案件由于适用法律的不同而导致不同的结果。事实上，实践中也已出现了这类情况。③

---

① 邱联恭. 程序选择权论 [M]. 台湾：三民书局，2000. 8.

② 张家慧. 改革与完善我国现行民事上诉制度探析 [J] 现代法学，2004（1）：116.

③ 杨荣新，乔欣. 重构我国民事诉讼审级制度的探讨 [J]. 中国法学 2001.（5）：120.

此外，由于司法资源不足，各个法院普遍存在超负荷的问题，即案多法官少。在上诉案件大量增加的情况下，第二审法院主要关注于事实问题的审理，根本无暇顾及统一法律适用的问题。

根据我国民事诉讼法第一百五十一条之规定，第二审法院不应当对第一审案件进行全面的审查，其审理的范围应受当事人上诉请求的限制。但是，最高人民法院 1992 年 7 月 14 日制定的《关于适用〈民事诉讼法〉若干问题的意见》第一百八十条却又规定："第二审人民法院依照民事诉讼法第一百五十一条的规定，对上诉人上诉请求的有关事实和适用法律进行审查时，如果发现在上诉请求以外原判确实有错误的，也应予以纠正。"该条规定事实上是为二审法院全面审查第一审案件开了一个口子。随后在 1998 年，最高人民法院发布了《关于民事经济审判方式改革问题的若干规定》，其中的第三十五条规定对审理范围作了一些必要限制："第二审案件的审理应当围绕当事人上诉请求的范围进行，当事人没有提出请求的，不予审查。但判决违反法律禁止性规定、侵害社会公共利益或者他人利益的除外。"但是在司法实践中，仍有许多法官在二审中不受当事人上诉请求的限制，不是针对上诉人的请求范围审理案件，而是机械地依职权实行全案审理、全面审查，让当事人重复陈述、重复举证、重复辩论。这种现象的存在不仅降低了诉讼效率，更为严重的是违反了民事诉讼的基本原则——处分原则，使处分权受到审判权的不当干预，有悖于"不告不理"。

（四）司法行政化的现象普遍存在，两审终审成为一审终审

根据我国《宪法》和《人民法院组织法》的规定，上下级人民法院之间是法律监督关系而不是领导与被领导的关系。但是，由于多种原因，我国法院行政化现象严重，法院内部管理行政化，从而导致司法行政化。在我国现行行政化的司法体制之下，上下级法院之间业务往来频繁，期望借助上下级法院之间的相互制约来保障司法公正通常难以得到充分有效的实现。

加之，由于实行"错案追究制"和司法实践中存在的案件请示报告制度，一审法院基于推卸责任及降低风险的考虑，在遇到疑难复杂问题时，便向上一级法院请示报告，以期"公正"地裁判案件，减少"错案"的发生。一审法院的许多判决实际上是根据二审法院的指示作出的，当事人上诉后二审只是走过场，必定会维持原判。这种做法严重侵犯当事人的上诉权利，导致上诉审法院的审理失去价值，使我国的两审终审制度流于形式，两审终审事实上成为一

审终审，严重干扰了司法活动的正常进行。

（五）再审程序启动多元化，导致"终审不终"现象频发

准确地说，我国立法确定的审级制度是"以两审终审制为原则，以审判监督程序为补充"。但是，在司法实践中，这种救济途径早已经突破"补充"或"例外"性质，整个审级制度的运作状态如同消防通道遍布司法大厦，审级结构的上下内外都挤满了寻求"补救"的"难民"。①

虽然2007年修订《民事诉讼法》时对再审的条件作了一些限制，但是目前民事审判实践中仍存在再审程序启动主体多元化和再审程序启动随意性过大的问题。根据民事诉讼法的相关条文，在二审法院作出终审裁判后，仍有多种途径来推翻生效的终审裁判：一是法院基于审判监督权对本院和下级法院的生效裁判发动再审；二是检察院基于司法监督权对人民法院的终审裁判提起抗诉而发动再审；三是当事人可以向作出生效裁判的上一级法院申请再审。再审渠道的多样化，导致进入再审程序的民事案件也越来越多，使许多已作出终审裁判的案件仍被缠诉不休，严重影响了司法的权威性和终局性。根据最高人民法院统计，2000年全国民事案件申诉率占全部审结案件的1.76%，2001年申诉率占1.79%。在申诉案件中，提起再审的案件数量高居不下。2000年再审案件占申诉案件的54.8%，改判发回率占30.96%。2001年再审案件占申诉案件的57.48%，改判发回率占31.37%。两审终审制正在被申诉、再审、抗诉、审判监督以及其他种种复查程序所冲击、侵蚀和瓦解。②"不论什么时候，不论当事人的意思如何，只要发现裁判确有错误，都可以提审或再审，这不仅有害当事人之间权利关系的安全性、稳定性和生效裁判的权威性、稳定性，而且严重违反诉讼时效制度。"③两审终审制变成一句空话，"已经终审的案件不能终审，终审裁判的既判力难以实现，判决结果难以执行，严重损害了人民法院判决、裁定的严肃性和权威性，并最终导致终审判决失去其终审的真正的意义。"④

---

① 江伟 民事诉讼法专论［M］. 北京：中国人民大学出版社，2005：355.

② 最高人民法院民事诉讼法调研小组. 民事诉讼程序改革报告［M］. 北京：法律出版社，2003：170～171.

③ 黄宣. 论我国民事诉讼再审程序的改革［A］田平安. 民事诉讼程序改革热点问题研究［C］. 北京：中国检察出版社，2001：423.

④ 最高人民法院民事诉讼法调研小组. 民事诉讼程序改革报告［M］. 北京：法律出版社，2003：175～179.

5.2 上诉审改革之理论梳理及评价

5.2.1 关于审级制度改革

关于民事上诉审的改革，目前国内大多数学者主张大规模的改造，确立多元化的审级制度，实行有条件的三审制。民事诉讼法学界泰斗、中国人民大学教授、博士生导师江伟主张设立法律审，实行三审制。他认为："中国由于国家大，人口多，案件多，完全由最高法院办理法律审，可能难以承担，可以设想三审由省高院或者最高法院进行审理。中级法院难以承担法律统一适用的功能。因此建立三审制是有必要的。但是并非所有的案件，都能进入法律审，法律审应该只审查法律问题，而不审查事实问题。"① 中青年一代法学者则往往"藉西方发达国家新近审级制度改革之成果，言我国审级制度及上诉审之不足；或直接倡仿西方发达国家之立法例予以重构之。"② 他们中以厦门大学教授、博士生导师齐树洁为代表。齐教授多次撰文主张实行有限三审制，认为"鉴于我国两审终审制的结构性缺陷以及同我国的国情相结合产生的诸多问题，有必要借鉴现代法治国家的通行做法，在完善我国第二审程序的基础上，构建适合我国国情的第三审上诉程序。"③ 中国政法大学教授杨荣新主张："即以两审终审制为基础，以有条件的一审终审制和三审终审制为必要的补充。"④ 中国人民大学教授、博士生导师陈桂明主张："应当对两审终审制进行改造，变绝对的两审终审制为有限的三审终审制。"⑤ 北京大学法学院博士后傅郁林主张实行三审制，"最高人民法院基于统一司法之需要，不再承担二审职能，只受理针对重要法律问题提起的三审上诉，并且下级法院不得作出与最高法院判决相冲突的判决。"⑥ 清华大学张卫平教授也提出："为了实现在更高程度上的法律适用统一性，应当考虑审级制度的改革，设置有条件的三审终审制度，

① 江伟. 民事诉讼法的修订和完善中的重大问题 [J] 山东审判 2007，(2)：7.
② 陈刚. 我国民事上诉法院审级职能再认识 [J]. 中国法学 2009，(1)：180.
③ 齐树洁. 我国司法体制改革的回顾与展望 [J]. 毛泽东邓小平理论研究 2009，(4)：47.
④ 杨荣新、乔欣. 重构我国民事诉讼审级制度的探讨 [J] 中国法学，2010，(5)：120.
⑤ 陈桂明. 我国民事诉讼上诉审制度之检讨与重构 [J] 法学研究，1996，(4)：52
⑥ 傅郁林. 审级制度的建构原理 [J] 中国社会科学 2002，(4)：99.

这不仅有利于提高审判的质量，也有利于法律适用的统一性。"①

当然，对于上诉审中的问题，学界亦有不同声音。华东政法大学教授、博士生导师陈刚先生，则独辟蹊径，提出了完善现有四级二审制度，明确上级法院之具体审级职能，以解决我国民事上诉审问题的新思路。先生认为，"制度乃历史之产物，我国民事上诉审系现行民事诉讼制度之一部，乃学习苏联法而成，其法理依据（审判监督理论）及制度设计皆有别于西方发达国家。是故，藉西方发达国家立法例，图我国民事上诉审所存不适应问题之解决，不仅于法理上难以周全，且于制度设计上无助。归根到底，我国民事上诉审所存不适应问题之解决，必须基于宪法所定四级二审制之审级制度，及上级人民法院监督下级人民法院审判工作之审级关系，于实定法所定趣旨框架内寻求对策。"他"依向来所持法系意识研究方法研析我国民事上诉法院之审级职能"，并得出结论认为："现行民事上诉审所存之不适应问题，并非四级二审制之审级制度，以及审判监督制度所定上下级人民法院审级关系之法理及制度设计不具科学性所致；相反，乃因立法上、实践上未全面贯彻落实四级二审制之设计初衷，以及明确上级人民法院对下级人民法院进行审判监督之具体审级职能所致。因此，藉苏联法之经验，结合国情现状，完善实现四级二审制本旨之制度性基础，明确上级人民法院之具体审级职能，乃避免上诉法院重复一审法院审判活动处理上诉案件，且从根本上解决现行民事上诉审所存诸多不适应问题之不二法门。"②

关于上述审级制度改革的第一种观点，即实行多元化审级制度，笔者不完全赞同。笔者以为实行有条件的一审终审制是可行的。对于一些小额诉讼（标的额为 5000 元以下）案件，应当实行一审终审制，以节约司法资源，减少当事人的讼累，安定社会秩序。正如日本学者棚濑孝雄所说，在讨论审判应有的作用时不能无视成本问题。因为，无论审判能够怎样完美地实现正义，如果付出的代价过于昂贵，则人们往往只能放弃通过审判来实现正义的希望。而对于实行有条件的三审制，笔者持反对态度，理由有四：一是全面地考量，多审级审判制并不必定比二审终审制优越。我国的基本国情是地域辽阔，人口众多，各地区经济文化发展极不平衡，许多地区交通不便。整体而言，我国的司

① 张卫平. 民事诉讼法律审的功能及构造［J］法学研究 2005，（5）：42.
② 陈刚. 我国民事上诉法院审级职能再认识［J］. 中国法学 2009，（1）：180.

法资源不足,司法资源分布极不均衡,民事审判力量相对薄弱,而案件又需要尽快了结。二是实行三审制与我国现行法律规定不符,要实行三审制必须对我国的民事诉讼法进行体制性和结构性的调整,而且,这种大的转换,需要一个过程,不可能一蹴而就。到目前为止,我们仍缺乏对现行民事诉讼法实施状况的全面调查报告,对民事诉讼程序改革只有一些理论研究,而实证调查和研究不足。骤然实行三审制,有可能导致过于超前,反而影响实施效果。这方面我们已经有深刻教训,例如,我国民事诉讼法所规定的"代表人诉讼制度",便成为了一种专家、学者齐叫好,法院和法官不认同,实务部门不愿用的制度。① 因此,三审制实施的可行性仍存有较大的疑问,建议暂缓施行;三是实行三审制的诉讼和审理成本太高,不利于程序安定,有悖于司法高效便民的宗旨。在多审级审判制下,程序繁复,案件审理持久,且易诱发当事人缠讼,反而影响权利的实际行使。给当事人更多审级审理或提出攻击防御方法来形成正确判决的机会,就愈会导致程序上的不利益,有碍当事人对程序利益的追求;② 四是现行民事上诉审所存之诸多问题,并非四级二审制之审级制度本身不科学所致,而是由于一些相关配套制度不完善所引发。因而我们无需改弦易辙,废二审终审制而转采三审制。

笔者认为,陈刚先生提出的"完善现有四级二审制度,明确上级法院之具体审级职能,以解决我国民事上诉审问题的新思路"是切实可行的,亦是符合现阶段我国基本国情的。因为,"我国民事上诉法院审级职能的生成深受苏联法的影响,今日于审级制度上直面的诸多不适应问题,几乎皆与有违苏联法理相涉。尽管我们在学术研究上试图努力忘却或有意、无意地回避苏联民事诉讼法律科学,但它的内在精神、外在形式已于我国民事诉讼法制中根深蒂固,所以关于现行上诉法院审级职能的解读、改革及完善,难以逾越苏联法理。"③

5.2.2　关于上诉审模式的转化

一般而言,民事上诉制度的目的有二:"第一,通过反复审理,以确保给当事人恰当且公正的权利保护,同时还给诉讼当事人一个充分陈述的机会,以

---

① 奉晓政. 瑞典群体诉讼制度的确立及其对我国的启示 [J]. 海南大学学报,2010.5:43.

② 邱联恭 司法之现代化与程序法 [M]. 台湾:三民书局,1992:322.

③ 陈刚. 我国民事上诉法院审级职能再认识 [J]. 中国法学 2009,(1):191.

便作出一个让当事人能够接受的判决；第二，通过上级裁判所的裁判，以实现法律解释和适用上的统一，这是建立上诉制度的最基本的目的。"① 上诉程序的结构或模式很大程度上取决于对上述目的（功能）的侧重。根据上诉程序复审方法的差异，二审上诉模式可划分为普通法系的有限审查制（事后审制）、大陆法系的续审制和社会主义法系的全面审查制（指导性复审制）。我国则属于典型的社会主义法系的上诉模式，亦即采取全面审查制。② 研究上诉制度的改革必然要涉及如何实现上诉目的之平衡和采取何种上诉程序模式的问题。

关于上诉审模式转化的问题，目前国内学者意见基本一致，即要将全面审查制改为续审制。囿于篇幅所限，仅选取傅郁林教授的观点为代表。

傅教授认为，二审作为上诉审，首先承担审查一审判决的职能；同时二审作为一审程序的继续，其主要职能是完成一审程序的未竟职能。这两项职能在事实问题上应以不同方式来实现。首先，二审法官作为监督者，对于一审已经审查的事实和证据应不再审查，而是要确定一审法官在当事人已经提供的信息的基础上是否已经作出了正确而全面的事实认定，是否在认定事实时存在偏颇或遗漏（已调查但未考虑）的信息。需要发回重审的，应当在判决书中写明具体理由和具体要求，并对下级法院产生拘束力。其次，二审作为续审者，对于一审未能审查的新事实和新证据，二审法院予以接纳的，原则上应由二审法院自己改判。但立法对于在何种情形下可以改判须以列举方式明确规定（或者列举发回重审的情形），同时还应从三个方面区别对待可以接受新证据的情形。再次，最高法院不再承担二审职能，其应作为三审法院专门审理法律问题，且其职能不再是指导下级法院的审判工作，而是制约下级法院的权力行使且其自身也要受到下级法院职能制约的终审法院。三审程序的设置一方面使二审的职能设置相对合理，使之得以在我国一审模式的特殊背景下花费更多精力来监督和继续事实问题的解决，从根本上解决再审案件过多过滥的问题；另一方面使法律问题得以由一个最高审判机构加以统一，以减少法律冲突引起的司法不公和重复审判。更为重要的是，三审程序的存在对于目前过于宽泛和自由的二审权力能形成"潜在威胁"，从而迫使二审法院对案件进行更加审慎的处

---

① 中村英郎. 新民事诉讼法讲义［M］. 北京：法律出版社，2001：262.

② 江伟. 民事诉讼法专论［M］. 北京：中国人民大学出版社，2005：392~400.

理。最后，上诉审理方式仍以开庭审理为原则，以书面审理为例外。采取书面审必须经合议庭三人一致认为不须开庭。开庭审理可分简易开庭与正式开庭两种：简易开庭可由承办法官一人主持，并省略或简化开庭的形式要求，但必须满足公开、对席、言辞辩论、制作法庭记录等最基本的要件。简易开庭之后由承办法官制作判决书，并连同法庭记录一并交合议庭其他成员传阅和修改，如果出现意见分歧，则共同决定是否需要正式开庭。正式开庭由合议庭全体成员听审，实行强制律师代理制——通过增加正式开庭的私人成本而抑制寻求正式开庭的愿望。①

笔者以为，上述观点基本可行，仅对其建议（3）和（4）存有疑虑。最高法院不承担二审职能并不可行，因为今后我国的高级法院仍有可能要受理本辖区有重大影响的第一审民商事案件，在这种情况下最高法院必须受理二审案件。笔者以为，倒是应当明确最高人民法院不受理一审民商事案件，这也是各国通行的做法。事实上，自民事诉讼法颁布实施以来，最高人民法院基本上未受理过一审民商事案件。关于"实行三审制"的问题，前已述及，不再重复。对于上诉审中实行强制律师代理制度，虽与法制先进国家制度接轨，也有利于上诉审判的公正、快捷和高效，但在目前我国还有几千万贫困人口且普通民众也并不富裕的情形下，基本缺乏现实可行性。

5.3 我国上诉审借鉴美国《上诉法院标准》之可行性

5.3.1 两大法系之间有互为借鉴的传统

前面介绍了美国法院制度及美国律师协会制定的美国法院标准制度，让我们对美国的司法制度有了基本的了解。或许有人会产生疑惑，为什么要花这么大的篇幅来描述和讨论美国的制度？美国属于英美法系而我国属于大陆法系，美国的制度能否为我国司法所借鉴？答案是肯定的。梅特兰曾经说过："世界主义也完全能够等到它的轮回。"② 笔者以为，自 20 世纪末开始，法律的世界主义特征已经有所展现。事实上，两大法系之间长期以来一直存在相互借鉴的

---

① 傅郁林. 论民事上诉程序的功能与结构 [J]. 法学评论. 2005. 4：43～44.

② Maitland, English Law and the Renaissance, in：Selected Essays in Anglo – American Legal History,
Bd. 1. 1907. S. 168. 176.

做法，并且我们有足够的理由相信将来还会有更多的相互借鉴。

　　一方面，美国的法律制度并非与大陆法系的制度完全隔绝，大陆法系对美国法律或传统产生了长期持续的影响。"在美国法律传统的发展中，有一些东西是从民法法系和英国法两种模式中借鉴而来的。尽管英国传统占据主导地位，但民法法系在许多领域也留下了印迹。"① 劳伦斯·弗里德曼（Lawrence Friedman）教授在《美国法律史》（A History of American Law）中指出，在美国，民法法系的统治使其受到了包围。法国和西班牙法律统治了密西西比河沿岸及其部落，以及北方边境和佛罗里达州、路易斯安那州、得克萨斯州。然而，除了某些在得克萨斯州存活的民法法系残迹之外，"殖民者（settlers）的大规模入侵注定了民法法系的全境覆没，只有路易斯安那州是个例外。新的法官和律师是在普通法传统中接受训练的，他们排挤掉了法国和西班牙背景的法官。"② 而且，在美国学术界及司法实务界均有一批人倡导和推行法典化。在19 世纪中期，大卫·杜德利·菲尔德（David Dudley Field）的《民事诉讼法典》首次在纽约州采用，赢得了西部约 20 个州的争相效仿。"菲尔德法典为大约半数左右的州所采纳，适用的人也超过了美国人口的一半。菲尔德法典是从普通法的诉讼程序到由 1938 年的联邦民事诉讼规则所导入的美国现代诉讼程序的道路上迈出的重要一步。"③ 实际上，毫不夸张地说，菲尔德的程序法典是《联邦程序法典》的先祖，因此它亦是大多数州程序规则的先祖。

　　美国律师协会的主要目标之一便是推动通行于整个联邦的统一立法。1892年美国律师协会发起建立了统一州法全国委员会。该机构由各个州委派的代表组成。它起草了几部统一的法律，提交各州立法机关通过。它们包括为全美所有的州采纳的《流通票据法》（1896 年）和 37 个司法管辖区通过的《统一买卖法》（1906 年）。1923 年，由一批著名的律师、法学教师和法官创立了美国法学会（American Law Institute），该组织以促进法律的明确化和简单化为主要目标。随后，统一州法全国委员会和美国法学会开展合作，完成了大量的工作，并于 1952 年制定了统一商法典。

---

① 弗兰克·M·柯芬. 美国上诉程序 [M]. 北京：中国政法大学出版社，2009. 22.

② Lawrence M. Friedman, A History of American Law, 2nd ed. [M]. New York：Simon & Schuster, 1985 . 168.

③ 史蒂文·苏本、玛格瑞特·Y. K. 伍. 美国民事诉讼的真谛 [M]. 北京：法律出版社，2002. 62.

另一方面，民法法系也反映了其他传统的影响。不仅制定法中的实体法在通过完善法典而发展，而且法官也必须做大量的工作来填补和解释法律。此外，由于判例（典型案例）及意见书的定期出版，尽管在事实性的语境中有点简短，但法院有一种尊重早先判决的强烈倾向。于是，立法至高无上的全盛时期成为过去，随之而来的是对立法成熟性的怀疑和司法审查的兴起。"法律的重心开始经历从民法法典向宪法、从私法向公法、从普通法院到宪法法院、从立法实证主义到宪法原则的剧烈转移。"① 外国一些学者研究后认为，美国法在德国的影响较大。② 北京大学的沈宗灵教授研究认为，二战后，美国已经取得了西方法律理智上的领导地位，美国法律拥有对西方另一法系，即民法法系的法律发生影响的能力。它从司法审查制、联邦管理"州际商业"的权力、公民权与政治权、产品责任－消费者保护法、信托财产制、破产法、税法、诉讼程序、判例教学法及法律学说等 10 个方面论述了美国法律对民法法系法律的影响。③ 我国的夏勇先生也认为："两大法系的司法程序一直呈相互吸收、相互借鉴的发展趋势，但最近一些年来，这种趋势的主流是大陆法系国家在司法改革中更多地吸收英美当事人主义的一些因素。"④

"一个法律体系对变化作出反应的能力，部分地取决于它利用其他体系的经验的能力。"⑤ 法律具有独立于社会情境的自治性，因而是具有可移植性的。历史上，英国法被移植到了北美、澳大利亚和新西兰及中国香港地区，中国法、德国法和美国法先后被移植到日本。所有这些都是法律移植的成功范例。

其实，当今时代世界各国也都面临着同样的问题。我们可以看到，一些大陆法系国家也在借鉴英美法系的许多制度，如俄罗斯在尝试采用陪审团制度；德国尝试在诉讼中更大地发挥律师的作用，以主导整个诉讼过程；我国的台湾地区也进行了有益的探索。"台湾在这两年推动的司法改革，实际上就是把一个典型的大陆法系司法体制，朝向英美法系的司法体制调整。因为英美法系法

---

① Lawrence M. Friedman, A History of American Law, 2nd ed.［M］. New York：Simon & Schuster, 1985. 148.

② Lenhoff, America's Lrgal Inventions Adopted in Other Countries, Buffalo L. Rev. 1（1951/52）118；ders., America's Cultural Contributions to Europe in the Realm of Law, Buffalo L. Rev. 16（1966/67）7.

③ 沈宗灵. 比较法研究［M］. 北京：北京大学出版社, 1998. 261～269.

④ 夏勇. 宪政建设：政权与人民［M］. 北京：社会科学文献出版社. 2004. 71.

⑤ Fuller, The Principles of Social Order, Durham, N. C. 1981. S. 296.

官是消极的，审判更注重程序正义和对人权的保护。"① 与此同时，一些英美法系国家也开始让法官在审判中能起到更大的作用，以控制审判的程序。例如，"英国的1999年司法改革却一改其诉讼模式的传统，换言之，现在英国的民事诉讼程序在许多方面更接近德国而非美国。"② "通过深入的调查便可以发现，两大法系民事诉讼之间的界限已在一定程度上日渐模糊，至少那些10年前还认为两大法系民事诉讼互不相容的观点已基本上失去了立足点。"③ 可以说，当前世界各种法律体系正在趋同化或一体化的过程当中。而且，在这一过程中，必须强调的是，不同背景的国家之间必须相互借鉴不同的经验，并比较不同的做法会有怎样不同的效果，以此来取长补短。

5.3.2 我国具备借鉴英美法系制度的基础

笔者以为，对国外改革经验的借鉴与资源的本土化本身是不抵触、不矛盾的。其实，从中国的法律来看，其司法制度本身也是在不断的演变过程中。"当前的中国法律体系同时具有权利和道德理念，也具有一定的实用性，展示着三种传统——来自西方的移植、古代的传统以及现代的革命传统的混合。"④ 如果我们考察现今中国的司法制度，总的来说还是大陆法系的框架。当然它有中国的特色，其中既有社会主义制度的体现，又有中国历史政治文化传统的影响，还有英美法律制度的渗透，应该是基于大陆法系的混合体制。

我国虽然属于大陆法系，但是改革开放30余年来英美法对我国法制改革的影响巨大，我国已经借鉴和移植了大量的英美法律制度，法制改革中已经呈现出诸多的英美法特征。对此，华东政法大学的张卓明博士从五个方面进行了总结：（一）诉讼程序上增强当事人主义色彩；（二）司法组织上确立普通法院的行政审判权；（三）推动司法判决发挥更大的作用；（四）建立英美法特色的具体法律制度；（五）法律职业者培养方式的改革。⑤ 中国人民大学的朱

---

① 林峰正. 司法改革不能没有律师参与 [J]. 南风窗, 2009, (7): 47.
② [德] 阿斯特里特·斯达德勒. 法院多样性和民事诉讼法的统一 [A]. 陈刚. 比较民事诉讼法 [C]. 北京: 中国法制出版社, 2008.199.
③ [德] 阿斯特里特·斯达德勒. 法院多样性和民事诉讼法的统一 [A]. 陈刚. 比较民事诉讼法 [C]. 北京: 中国法制出版社, 2008.198.
④ 黄宗智. 中西法律如何融合? 道德、权利与实用 [J]. 2010.5: 721.
⑤ 张卓明. 英美法对我国30年来法制改革的影响 [J]. 南京大学法律评论, 2008, (春秋合卷): 293~299.

景文先生在其《比较法总论》一书中，则分别从立法和司法的角度，分析论述了外国法及制度对我国的立法及司法的影响。我国的宪法、刑事诉讼法、民事诉讼法、行政处罚法、公司法、合同法等均不同程度受到英美法律制度的影响，具体的司法过程中亦曾出现司法机关运用英美司法制度的例证，例如，"辩诉交易"等。①

沈宗灵老先生在其《比较法研究》一书中，详细介绍了我国立法过程中借鉴移植英美国家法律制度的一些实例。例如，在宪法方面，先是赋予省级人大及其常委会制定地方性法规的权力，后又扩展至省级人民政府所在地的市和经国务院批准的较大市的人大及其常委会；在行政法领域引入听证制度——主要来源于西方国家，尤其是美国；在诉讼法领域，确立和逐步完善人民陪审制度并加强辩论制度；在民法领域，确立了无过错责任。此外，我国在制定《商标法》、《专利法》、《公司法》、《海商法》、《反不正当竞争法》、《消费者权益保护法》、《税收征收管理法》及《劳动法》等法律时都不同程度地参考借鉴了美国的法律制度。从中也可以看出，美国法律制度对我们的影响较大。②

所以，在这样的体制下，而且在不断的司法改革过程中，借鉴西方经验尤其是英美法系经验是完全可行的，我们有条件对英美法制度加以比较和选择，创造性地学习借鉴一些国外的经验和概念以调整改革我国的相关法律制度。从这个方面来讲，不仅是可行的，而且肯定会提高中国司法制度的质量和效率，使它们能更具有公正性、透明性和科学性。

虽然国内法学界对英美法制度移植入中国的成败与否尚存在争议，仁者见仁，智者见智，但是，英美司法制度不断被引入却已是不争的事实。20 世纪80 年代以来，科学技术的高速发展和经济全球化成为引人瞩目的大趋势。经济全球化推动了法律全球化。而法律全球化，根据清华大学高鸿钧教授的观点，"是指法律在全球范围内的传播和流动，主要表现为特定国家法律的全球化，伴随全球治理而出现的全球化，以及世界主义法律价值的全球化。"③ 高鸿钧先生研究认为，美国法出现了全球化的趋势，美国法全球化是全球范围对

① 朱景文. 比较法总论 [M]. 北京：中国人民大学出版社，2008. 55 ~ 74.
② 沈宗灵. 比较法研究 [M]. 北京：北京大学出版社，1998. 467 ~ 485.
③ 高鸿钧. 美国法全球化：典型例证与法理反思 [J]. 中国法学，2011. 1. 5.

美国法的移植。美国法全球化采取了不同的路径，并在不同地域、场域和法律领域表现出不同特征。因此，他选取四个典型，即美国对拉美地区的法律输出、对全球新商人法阵地的占领、对苏联和东欧等转型国家法律革命的猎食及对欧洲法律的反攻，从不同侧面揭示美国法全球化的主要途径、方式和特征。"'二战'以来，德国和日本模仿美国法律模式而再度崛起，为其他国家提供了成功的典范。许多非西方国家尝试通过模仿或借鉴美国法，促进经济增长，推动政治民主化，增强综合国力，对内改善国民的物资生活条件，对外摆脱在世界体系中的半边缘或边缘地位，从而跻身现代世界强国之列。欧洲国家尝试借鉴美国法的成功经验解决国内各种经济、政治和社会问题，并维持在全球的竞争力。""中国和越南等社会主义法系的成员也经历了重大改革，在许多领域移植了美国法。"① 可以预见，随着经济全球化的深入，法律全球化的程度加深，两大法系融合趋同之势亦将越来越明显，英美法律制度尤其是美国的法律制度对我国法制的影响必将日益突显。

现代社会，所有的国家都会面临一些共同的问题，借鉴美国等西方国家法律现代化的经验和教训，我们的法律现代化就可以少走弯路，减少代价，避免不必要的"学费"。而且，笔者以为，就一些技术性的改革而言，由于它既不涉及政治权力的重新界定和分配，也不抵触现行法律，完全可以在宪法和法律框架内，在最高司法机关的法定权限内，通过借鉴美国法院管理方面的一些先进制度，实行自上而下的内部改革，在一定程度上实现司法的高效便民、廉洁公正。

下面，笔者将对借鉴美国律师协会的法院标准制度——尤其是《上诉法院标准》的可行性进一步加以具体分析论证。

5.3.3 借鉴美国《上诉法院标准》的可行性

①关于二审的职能与审级制度

就上诉审判模式而言，民事审判方式改革前，我国二审上诉曾长期采取全面审查的"复审制"模式。1982 年 3 月 8 日通过实施的《民事诉讼法》（试行）第一百四十九条规定："第二审人民法院必须全面审查第一审人民法院认定的事实和适用的法律，不受上诉范围的限制。"这便是所谓的"全面审查"

---

① 高鸿钧. 美国法全球化：典型例证与法理反思 [J]. 中国法学，2011. 1. 32 ~ 44.

原则。1991 年 4 月 9 日通过实施的现行《民事诉讼法》则对二审审判的范围作了必要的限制。其第一百五十一条规定："第二审人民法院应当对上诉请求的有关事实和适用法律进行审查。"这体现了对当事人诉权的尊重，是一种进步。但是，最高人民法院 1992 年 7 月 14 日制定的《关于适用 < 民事诉讼法 > 若干问题的意见》第一百八十条却又规定："第二审人民法院依照民事诉讼法第一百五十一条的规定，对上诉人上诉请求的有关事实和适用法律进行审查时，如果发现在上诉请求以外原判确实有错误的，也应予以纠正。"而且其第一百六十三条还规定："一审宣判后，原审人民法院发现判决有错误，当事人在上诉期内提出上诉的，原审人民法院可以提出原判决有错误的意见，报送第二审人民法院，由第二审人民法院按照第二审程序进行审理；当事人不上诉的，按照审判监督程序处理。"这两条规定使得我国的民事诉讼二审范围又回到了法院职权干预的轨道上。

此种模式在司法实践中引致了诸多弊端，如由于上诉条件过于宽泛、当事人滥用上诉权或二审法院超越上诉请求范围而导致司法资源浪费、案件久拖不决、诉讼效率低下。为了解决这些问题，最高人民法院在 1998 年 7 月所颁行的《关于民事经济审判方式改革问题的若干规定》第三十五条明确规定："第二审案件的审理应当围绕当事人上诉请求的范围进行，当事人没有提出请求的，不予审查。但判决违反法律禁止性规定、侵害社会公共利益或者他人利益的除外。"从而对上诉审超越上诉请求范围行使审查权的具体条件加以明确限制。其第三十六条还规定："被上诉人在答辩中要求变更或者补充第一审判决内容的，第二审人民法院可以不予审查。"其后，为进一步规范民事审判，防止证据偷袭，提高诉讼效率，最高人民法院在 2001 年 12 月 21 日颁布了《关于民事诉讼证据的若干规定》。该《规定》对《民事诉讼法》第一百二十五条第一款所指一审程序中的"新证据"做了具体限制，并对于二审程序能否提交新证据的问题加以明确规定。其第四十一条第二款规定，"二审程序中的新的证据包括：一审庭审结束后新发现的证据；当事人在一审举证期限届满前申请人民法院调查取证未获准许，二审法院经审查认为应当准许并依当事人申请调取的证据。"其第四十二条还规定了"新证据"的举证时限。另外，第四十三条也规定："当事人举证期限届满后提供的证据如果经法院准许延期举证，但因客观原因未能在准许的期限内提供，且不审查该证据可能导致裁判明显不公的，其提供的证据可以视为新证据。"

2008 年 12 月 11 日，针对新情况、新问题的出现，以及一些地方法院对《证据规定》中的个别条款，特别是有关举证时限的规定理解不统一，为切实保障当事人诉讼权利的充分行使，保障人民法院公正高效行使审判权，最高人民法院又下发了《关于适用 < 关于民事诉讼证据的若干规定 > 中有关举证时限规定的通知》。其第十条对"新证据"的认定进一步规范："人民法院对于'新的证据'，应当依照《证据规定》第四十一条、第四十二条、第四十三条、第四十四条的规定，结合以下因素综合认定：（一）证据是否在举证期限或者《证据规定》第四十一条、第四十四条规定的其他期限内已经客观存在；（二）当事人未在举证期限或者司法解释规定的其他期限内提供证据，是否存在故意或者重大过失的情形。"

可以看出，通过不断地改革和完善，我国的上诉模式正在从全面"复审制"模式向"续审制"模式过渡。

从审级制度的历史演变来看，近代以来我国曾经实行过三审制。1932 年10 月 28 日，南京国民政府公布《法院组织法》，根据该法将改行三级三审制，从中央到地方设最高法院、高等法院、地方法院三级，以三审为原则，二审为例外。① 土地革命时期，根据中华苏维埃共和国的规定，审级分为区、县、省的苏维埃法庭和最高法院，实行四级二审制。其后，各革命根据地根据各自不同的情况规定了不同的民事上诉制度，有的实行两审终审，有的实行三审终审。例如，晋冀鲁豫边区、太行山等便实行三级三审制。新中国成立后，中央人民政府经过周密筹划，由最高人民法院、最高人民检察署、司法部、法制委员会四个中央司法机关于 1950 年 7 月 26 日至 8 月 11 日共同召开了第一届全国司法会议。会议确定了三级两审制度，随后政务院初步建立了一些基本的审判工作制度，包括三级三审制度。1951 年 9 月 3 日，中央人民政府委员会举行第 12 次会议，通过了《中华人民共和国人民法院暂行组织条例》。根据该《暂行组织条例》，建国初期我国实行有条件的三级三审制度。一般以两审为终审，但在特殊情况下，得以三审终审或一审为终审。1954 年 9 月 21 日，第一届全国人民代表大会第一次会议根据宪法制定了《人民法院组织法》，人民法院由三级改为四级，实行四级二审制，设置了基层、中级、高级和最高人民法院，并设立了军事、铁路、水运等专门人民法院。至此，我国法院的机构设

---

① 郑保华. 法院组织法释义 ［M］. 上海：上海会文堂新记书局，1936. 58 ~ 59.

置和四级二审的上诉制度沿用至今。① 因此，从我国的审级制度的历史发展变迁来看，我国的审级制度并非一成不变的，期间也有适应经济社会发展的多次调整。

改革开放以来，从最高人民法院制定的关于民事案件一审管辖的标准来看，最高人民法院一直致力于规范民商事案件的管辖，强化高、中级人民法院的审判监督职能。早在1999年4月9日，最高人民法院便下发了《关于各高级人民法院受理第一审民事、经济纠纷案件问题的通知》，目的是为了便利当事人诉讼和人民法院办案，提高审判效率，改变最高人民法院和高级人民法院审理民事、经济纠纷案件数量过多、超审限严重的情况，以利于更有效地监督和指导下级人民法院民事、经济审判工作。同年8月，最高人民法院公布了《各级人民法院受理第一审民事、经济纠纷案件级别管辖标准》。2007年民事诉讼法修订后，最高人民法院为贯彻执行修改后的民事诉讼法，进一步加强最高人民法院和高级人民法院的审判监督和指导职能，又于2008年2月3日调整了高级人民法院和中级人民法院管辖第一审民商事案件标准。2008年3月31日，最高人民法院公布了《全国各省、自治区、直辖市高级人民法院和中级人民法院管辖第一审民商事案件标准》。纵观一审案件管辖标准的发展变化，可以发现中级以上人民法院受理的案件范围有逐步减少的趋势，以更好地发挥其审判监督指导功能。各高级人民法院也相继对所辖区域内的中级及基层人民法院一审民事案件管辖标准进行了变革和调整，以减少中、高级人民法院的案件受理数量，强化其案件审判指导监督职能。在这个方面，广西壮族自治区高级人民法院走在了改革的前列。2011年2月11日，为了全面加强全区各级法院民事案件的审判管理和审判质量，把矛盾化解在基层，广西壮族自治区高级人民法院审判委员会第一次会议讨论通过了《关于全区各级法院管辖第一审民事案件的暂行规定》。根据该《规定》，今后不再简单地以诉讼标的金额大小划分案件级别管辖，第一审民事案件一般由基层法院管辖。中级法院根据《民事诉讼法》第三十九条的规定决定由其审理的重大疑难、新类型或在适用法律上具有普遍意义的第一审民事案件，须报请自治区高级人民法院批准。自治区高级人民法院仅仅管辖在本辖区有重大影响的第一审民事案件。

根据前述讨论，笔者以为当前审级制度改革的基本思路，重点仍然在于审

---

① 范忠信、陈景良. 中国法制史 [M]. 北京：北京大学出版社. 2007. 558～599.

级的层级分工与现代"上诉审"的建构——即在初审法院集中解决事实问题的基础上，将上诉审查集中于法律问题的解决。当初审法院能够在最大程度上获取并查清事实时，上诉法院才有可能腾出时间和精力来专注于法律问题的解决。高级人民法院和最高人民法院通过审理上诉案件，监督下级法院的审判质量，维护司法的统一，提升司法的权威。当今世界，绝大多数国家的上诉法院不受理一审案件而只受理上诉案件，这也是目前国际上普遍通行的做法。随着我国民事司法改革的不断发展，我国的司法制度与西方法治国家的制度越来越接近，这样便为我们借鉴美国上诉审判制度提供了制度基础。

②关于越级上诉和附带上诉

美国《上诉法院标准》规定了（联邦或州）最高法院直接复审制度和反上诉制度（Cross Appeal，又译交叉上诉）。这两种制度对于解决我国上诉审制度中存在的问题有较强的借鉴意义，而且在我国现行法律制度框架下引入它们也具有可行性。

美国的直接复审（上诉）就是指按照相关法律的规定，就某些类型的案件而言，当事人有权直接向联邦或州最高法院提起上诉，联邦或州最高法院必须受理并进行审查。这是一种强制性的司法管辖权。在英国，类似的制度则称为"跳背诉讼"。

与英美法国家相仿，大陆法系有所谓的越级上诉，例如，德、日国家的"飞跃上诉"，它是指当事人双方在一审判决后，如果对一审判决在认定事实上并无争议，只是在适用法律上有不同看法，双方可达成不经二审而直接上诉至第三审法院的协议，从而越过原审法院的上级法院直接向更高一级法院提起上诉。但是，越级上诉是否准许由受理越级上诉的法院审查决定。德国民事诉讼法第566条规定："（1）对于州法院所为的第一审终局判决，可以依照本条之规定，越过控诉审，直接提起上告。（2）越过控诉审，须经对方当事人同意。表明同意的书面陈述，应附于上告状中；这种陈述也可以由第一审的诉讼代理人为之。（3）案件无原则性的意义的，上告法院可以不接受上告……（4）提起上告和表明同意（第2款），视为舍弃控诉审的上诉。"① 日本民事诉讼法则规定，如果是不经过控诉合意直接进行飞跃上告时（民诉法第281条1项），就地方法院的判决可以直接向最高法院、就简易法院的判决可以直

---

① 谢怀栻. 德意志联邦共和国民事诉讼法［M］. 中国法制出版社2001. 132.

接向高等法院进行上告（民诉法第311条2项）。①

我国的民事诉讼法明确规定了"提审制"。《民事诉讼法》第三十九条："上级人民法院有权审理下级人民法院管辖的第一审民事案件……下级人民法院对它所管辖的第一审民事案件，认为需要由上级人民法院审理的，可以报请上级人民法院审理。"根据该规定，民事案件的管辖权可以向上移转。

最高人民法院颁布的《人民法院第二个五年改革纲要（2004~2008）》也规定："改革下级人民法院就法律适用疑难问题向上级人民法院请示的做法。对于具有普遍法律适用意义的案件，下级人民法院用以根据当事人的申请或者依职权报请上级人民法院审理。上级人民法院经审查认为符合条件的，可以直接审理。"②

民诉法学者认为："当下级法院遇到当事人一方是本院的法官或者当地党政军负责人，或遇到对如何适用法律不甚清楚的新型案件时，管辖权向上转移是必要的，有利于案件的公正处理。"

既然在我国可以将民事一审案件的管辖权向上转移，实行提审，那么二审中实行越级上诉在理论上也是可行的，其基本原理应当是相通的。现阶段，我国的审级制度是四级二审终审制，绝大多数民商事案件是由基层法院实行一审，中级法院实行二审。若实行飞跃上诉制度，则一小部分案件经过准许后，可以直接由最高人民法院或高级人民法院复审。亦即是说，民商事案件的一审法院是基层人民法院的，经过批准后可直接向高级人民法院上诉；一审案件由中级人民法院受理的，则经过许可后，上诉可向最高人民法院提起；一审案件是高级人民法院的，当然就不存在越级上诉的问题。然而，高级人民法院受理的一审民商事案件是极其有限的。最高人民法院制定的《人民法院第二个五年改革纲要（2004~2008）》已经明确要"逐步做到高级人民法院不审理不具有普遍法律适用意义的第一审案件"。

笔者以为，对于那些新型、疑难、复杂的案件和涉及公序良俗、直接关系民众利益的重大案件，例如，环境诉讼、公益诉讼等，应当允许当事人越过一审法院的上一级法院直接向更高一级法院上诉。当然，越级上诉是上诉的特例，须得到高级人民法院或最高人民法院的批准，绝大多数案件还是应当按照

①　中村英郎 新民事诉讼法讲义［M］. 法律出版社，2001. 273.
②　江伟. 民事诉讼法学原理［M］. 北京：中国人民大学出版社，1999. 368.

一般的上诉程序逐级上诉的。

设立越级上诉制度有三大优势：一是有利于维护司法的统一。一般而言，高级人民法院和最高人民法院的法官素质要高于中级人民法院的法官。案件上诉审由更高一级法院负责，审理质量能够得到保证，实现"同案同判"。而且，高级人民法院和最高人民法院能够通过越级上诉及时掌握司法的前沿问题，所作出的有关新型、重大、复杂疑难案件和事关广大民众利益的案件的判决对下级法院有重大的示范和指导意义，其辖区范围和审判权威也大大超出中级人民法院，可在更大范围内统一法律的适用；二是可以杜绝申诉和再审的发生。实行越级上诉，直接由高级人民法院、最高人民法院对当事人就一审判决适用法律的正当性问题作出终审裁判，确保了上诉审法院法律审的权威性。由此，可以提高当事人的满意度，有利于早日平息诉讼，减少当事人的讼累，提高司法效率，节省国家宝贵的司法资源，使由于诉讼而遭到破坏的社会秩序尽快得到恢复；三是有利于减少和消除地方保护主义。部分案件的上诉审审级提高，有利于法院摆脱来自地方的各种人情和关系等案外因素的干扰，实现法院司法审判独立，从而实现司法公正，维护司法权威。

总之，实行越级上诉制度，能够充分有效地保护当事人的上诉权，有利于司法公正与效率的实现。只要我们在借鉴国外法治先进国家经验的基础上，对越级上诉制度加以科学设计，完善相关的规定，它就能够为我所用，解决目前上诉审中存在的许多问题。

附带上诉就是指原本未上诉的被上诉人，在上诉人提出上诉后，就原审裁判提出上诉主张，请求法院一并审理的制度。德国学者奥特马·尧厄尼希认为，"附带上诉是指一方当事人可以等待对方当事人对裁判攻击并加入主上诉。一方当事人必须加入，如果应当有利于他而变更裁判。"① 附带上诉制度既能充分保障合理上诉者行使权利，又能抑制不合理上诉和轻率上诉。

"在上诉程序的设计中，在保障正当上诉权的同时抑制无益或恶意上诉，是比较普遍的政策倾向。随着诉讼爆炸对司法质量和司法效率的严峻挑战日益加剧，通过限制上诉审查范围而促使案件在一审程序中获得彻底解决，成为一种总体趋势。"② 因此，各国都在试图平衡对上诉权的保障与对上诉欲望的抑

---

① 奥特马·尧厄尼希. 民事诉讼法 [M]. 北京：法律出版社，2003. 370.
② 江伟. 民事诉讼法学原理 [M]. 北京：中国人民大学出版社，1999. 407.

制，附带诉讼制度便是途径之一。很多大陆法系国家和地区，例如，法国、德国、日本和我国的台湾、澳门地区，都规定了附带上诉制度。根据学者邱星美的研究，附带上诉制度的法理依据有三：第一，作为法律对被上诉人的特别救济。德国学者奥特马·尧厄尼希认为，附带上诉制度是作为法律赋予被告的特别救济途径；① 第二，即禁止利益变更原则或禁止不利益变更原则的伴生产物。如果没有禁止利益变更原则或禁止不利益变更原则，上诉人与被上诉人在上诉程序中都可以得到救济，就不需要设置附带上诉制度。第三，平等保护双方当事人。台湾学者认为："两造当事人对于第一审判决，本得各自提起上诉，其各自提起上诉时，均需依上诉之法定程式，於期间内为之，且须具备其他合法要件，自不待言，法律因保护被上诉人起见，更认附带上诉之制，附带上诉者，当事人之一造已提起上诉后，其被上诉人於已开始之第二审程序，亦对于第一审判决声明不服而求废弃或变更之也。其为附带上诉，得于言词辩论时行之，且虽上诉期间已满或曾舍弃上诉权或撤回上诉后，亦得为之。"②

建立附带上诉制度有三方面的作用：一是可以减少上诉案件。使那些对于是否上诉心存犹豫——上诉胜算把握不大，放弃上诉又担心对方上诉而自己错过上诉期限的当事人由于有了安全感而放弃率先上诉，最终双方都可能放弃上诉；二是可以减少申诉和再审的发生。实行附带上诉制度，可以借助未率先上诉的当事人在对方当事人上诉之后及时提起附带上诉，给不满一审判决的所有当事人都提供一个公平表达不满和补救的机会，使二审法院得以在尊重当事人处分权的前提下彻底纠正一审错误，维护司法公正；三是附带上诉平等地保护了双方当事人，解决了民事上诉导致不利益判决的问题。③

综上，越级上诉制度和附带上诉制度能够有效化解我国上诉审中的诸多问题，保障和便利当事人行使诉讼权利，减少当事人的讼累，并且与我国现行的法律规定没有明显的冲突，实行起来不存在大的障碍。因此，我们有必要借鉴美国的相关制度，在我国确立越级上诉制度和附带上诉制度。

③关于法院设置体制

关于法院设置体制改革的问题，国内司法实务界和学界有不同的观点，归

---

① 奥特马·尧厄尼希. 民事诉讼法 [M]. 北京：法律出版社，2003.369.
② 杨荣馨. 民事诉讼原理 [M]. 北京：法律出版社，2003.518.
③ 江伟. 民事诉讼法学原理 [M]. 北京：中国人民大学出版社，1999.407～408.

纳起来主要有三种意见：其一是法院系统实行垂直管理，其二是实行司法辖区与行政区划相分离，其三是反对"司法辖区制"，主张维持现状。

笔者认为，法院系统实行垂直管理并非最佳选择。首先，这种做法与我国现行宪法相悖。《中华人民共和国宪法》第 127 条第 2 款规定："最高人民法院监督地方各级人民法院和专门人民法院的审判工作，上级人民法院监督下级人民法院的审判工作"。根据上述规定，最高人民法院与各级人民法院，以及上级法院与下级法院之间的关系是定位为审级上的"监督关系"。众所周知，审级上的"监督关系"与行政上的上下级间的"领导关系"是两种完全不同类型的关系，不仅形式不同，其实质也各异；其次，纵观世界各国司法体制，不同审级法院之间均没有隶属关系，在一个司法系统内法院之间是相互独立的。一国在司法体系内设立不同审级法院的宗旨是为了切实保护公民权益，纠正司法错误，实现司法统一；再次，法院系统实行垂直管理将使审级制度设立的初衷落空，一审法院为了使自己的判决不被撤销和改判，必将会更多地运用案件请示制度。这样一来，初审案件的审理通常获得了二审的支持，从而使二审程序徒具形式，二审终审制实际上将演变成为一审终审制。

反对司法辖区与行政区划相分离者所持理由主要有三：首先，司法辖区与行政区划相分离将会完全打乱现有的司法格局，实际执行中有很大的困难。我国现有 30 余个高级法院、300 余家中级法院、近 3000 家县级法院，全国法院系统现有 30 万名工作人员。如果完全打乱建制、重新整合，则工作量巨大，非短期内能够施行，新旧制度交接之际可能还会出现一些无序现象；其次，司法辖区与行政区统一并不必然导致司法地方化，我们可以通过其他相关体制和机制的改革来切实保障法院依法独立行使审判权；再次，司法辖区与行政区划相分离并不能根绝司法地方化的问题。但是，笔者以为这些理由并不充分。第一，实行司法辖区与行政区划相分离确实存在一些实际困难，但是为了实现司法统一，维护司法公正，我们必须要作出应有的努力，必须承受改革所带来的"阵痛"；第二，现有的社会调查和实证研究已经表明，司法辖区与行政区划一致是形成"司法地方化"的重要原因之一，因而必须对这种法院设置体制加以改革。而且，要想在目前的法院体制框架内基本消除司法地方化，则势必要进行其他的重大变革，例如，法院系统实行垂直管理。但是，这些改革措施的负面影响也是显而易见的，其可行性仍然是有待审慎论证的；第三，实行司法辖区与行政区划相分离，可有效地保障法院和法官免受来自外部的干预，有利于司法审判的外部独立。

因此，笔者赞同第二种意见，详述如下：

建国后，我们曾经实行过跨行政区设立法院的制度。1949 年新中国成立后，根据《中华人民共和国中央人民政府组织法》和《最高人民法院试行组织条例》，组建了最高人民法院为全国最高审判机关，并负责领导及监督全国各级审判机关工作。同时，在东北、西北、华东、中南、西南、华北建立六个最高法院分院。设立省级人民法院及其分院、分庭为第二审法院，县级人民法院为第一审法院。审级上实行二审终审制。

"改革开放之初，人民法院主要是按照行政区划和某些部门管理的需要设置的，如设置地方各级人民法院和林业、铁路、农垦等法院。"最高人民法院常务副院长沈德咏说，随着经济社会的发展和解决纠纷的需要，按照解决纠纷要求设置的法院不断产生，逐步增设了海事法院、开发区法院、保税区法院等，有的地方还突破了以行政区划设置法院的做法。全国法院的数量也从 3187 个发展到现在的 3557 个，不仅实现了量的增长，而且实现了质的优化。同时，各基层人民法院还普遍设置了派出人民法庭，大大方便了群众诉讼。① 前述海事法院、开发区法院、保税区法院等三类新型法院都是打破现有行政区划而设立的。而 1999 年湖北省汉江中级人民法院的设立则是突破了以往依行政区划设置普通法院的做法，是跨几个行政区划而设置的一个中级法院。根据汉江法院网的介绍，湖北省汉江中级人民法院直接隶属于湖北省高级人民法院，办公地点设在仙桃市，辖区范围为天门、潜江、仙桃三个省直管市。②

当前，我国实行跨区设立的法院最为典型的数海事法院。我国的海事法院主要审理海事、海商方面的案件，全国范围内只设一级海事法院，相当于中级人民法院，其上一级法院为其所在地高级人民法院。目前天津、大连、上海、宁波、厦门、青岛、武汉、广州、海口、北海等港口城市设有海事法院。海事法院是中级法院的建制，但其管辖范围却能纵贯数省、自治区、直辖市，例如，武汉海事法院，以长江为界，横贯五省一市，彻底打破了以行政区划为主的"块块"界限，实现了跨行政区域设置。目前，天津、广州海事法院等也

---

① 杨维汉 . 我国已初步形成中国特色人民法院体系［EB/01］. http：//news. qq. com/a/20081106/003201. htm

② 湖北省汉江中级人民法院简介 . http：//hjzy. chinacourt. org/public/detail. php？id = 1

都是跨省市管辖。

海事法院的这种体系设置有利于海事法院的审判独立,从而排除地方保护主义的影响,避免遭受行政机构的影响和制约。2007 年 5 月全国政协、民革中央和最高人民法院组成了一个联合调研组,对三个有代表性的海事法院和地方上的同层级的法院进行了一次考察调研,发现海事法院在依法独立行使审判权方面有比其他法院具备更为优越的地方。在一次全国海事法院院长会议上,最高人民法院副院长万鄂湘问十位海事法院院长是否遇到了地方保护主义的干扰,几乎所有的院长都说,他们从来没有遇到这样的干扰,因为他们的司法管辖范围与县长、市长、省长的管辖范围没有任何联系,他们的管辖范围要宽得多。海事法院划分管辖范围时,没有考虑到防止地方保护主义的问题,但它客观上起到了这个作用。①

随着中国城市化进程的加快,除了传统的地域型政区外,新的城市型政区发展迅速。"地改市"、"市管县"已经在全国大部分地区实现。而根据我国宪法的规定,我国的行政区划分为省、县、乡三级,② 并没有"市管县"一说。县和市是两个有各自辖区的平行行政区域主体。我们现在进行的"市管县"体制改革严格讲,并没有足够的法律依据。③ 由于与行政区划间的这种"连带关系",那些在行政区划改革试点地区设立的法院,都存在合法性的疑问。

自 2009 年中央颁布一号文件《中共中央国务院关于 2009 年促进农业稳定发展农民持续增收的若干意见》,提出要"稳步推进扩权强县改革试点,鼓励有条件的省份率先减少行政层次,探索省直接管理县(市)的体制"以后,全国各地包括江苏、浙江等省份都在大力推进"省直管县"体制改革。"省直管县"体制的推行,将直接对现行的按地级市设立的中级人民法院产生重大影响,各地中级人民法院面临重大变革。

至于部分学者提出的"全国法院实行垂直管理体制"的建议,尽管存在争议,现在已经部分实行(非审判部分)。根据《人民法院五年改革纲要》规

---

① 陈煜儒. 法院管辖超越行政区域有利司法公正——访最高人民法院副院长万鄂湘委员 [N].法制日报 20080310 ~ (01).

② 宪法第 30 条:中华人民共和国的行政区域划分如下:(一)全国分为省、自治区、直辖市;(二)省、自治区分为自治州、县、自治县、市;(三)县、自治县分为乡、民族乡、镇。直辖市和较大的市分为区、县。自治州分为县、自治县、市。

③ 刘君德. 中外行政区划比较研究 [M]. 上海:华东师范大学出版社,2002.5.446 — 453.

定：1999 年底前，各省、自治区、直辖市高级人民法院对辖区的人民法院执行工作实行统一管理和协调体制。在全国建立起对各级人民法院执行机构统一领导的执行工作体制。目前，法院垂直管理已经局部展开，上下级法院的政治部、执行局和法警队等三个机构实际上已经是领导与被领导关系。

此外，中国人民银行设置体制改革的成功经验也值得借鉴。1998 年 11 月 15 日，党中央、国务院作出决定，对中国人民银行管理体制实行改革，撤销人民银行省级分行，跨省（自治区、直辖市）设置九家分行。同时，各地按市县设立的中心支行、支行也进行了相应的改革，不再按行政区划对应设立，而是一个支行管辖几个县区。10 多年来的实践证明，人民银行体制改革是非常成功的，非常有利于中央和国家金融信贷政策的贯彻执行，大幅度减少了地方政府干预银行信贷业务的现象。

综上所述，我国法院设置体制已经有跨区设置成功的先例，也有部分法院内设机构垂直管理的实践，还有中国人民银行体制改革的成功经验可资借鉴。并且，随着政治体制改革的深入，法院设置体制也面临变革，这为我们进一步吸收、借鉴国外先进理念提供了理论和实践基础。

④关于"法庭之友"的引入

对于我国应否引入"法庭之友"制度，国内学者尚存在争议。反对论者所持的理由主要有：诉讼模式与裁判制度的差异、制度功能与我国部分诉讼制度相重合、司法独立法律文化的缺失、利益集团发展的不平衡及司法资源有限等。笔者以为，中美之间在诉讼模式及法律文化等方面确实存在较大的差异，但是，这并不能说明我国就不能移植和引入"法庭之友"制度。问题的关键在于如何在借鉴的过程中将其加以改造和创新，消除弊端和局限，发挥其独特的功用。

第一，目前我国的民事诉讼模式并非纯粹的职权主义，而是职权主义与当事人主义的结合，且当事人主义的特征日益突出。建国初期，我国的民事司法审判是照搬移植苏联的经验，采取超职权主义的模式。但是改革开放以来，我国的法律和司法受英美法系的冲击和影响甚巨，尤其是经过多年的审判方式改革，庭审方式已有巨大的变化（基本实行对抗制）法官消极中立，居中裁判。而且，由于法院受理案件急剧增加，法官超负荷运作，根本无暇去主动调查搜集证据。虽然法官不仅可以要求当事人提供证据，还可以对事实问题主动进行调查，而且也可以对于案件涉及的非法律方面的专业问题进行主动调查。然而，无论是由当事人提交的"法庭之友"书状，还是由法官依职权获取的专家意见，它们都是法院采纳案外人意见的一种途径，这并不能说明我国没有必要采用"法庭之友"制度。此外，虽然我国是成文法国家，并不要求法官掌握先例。但是先例（判例）的作用仍不可忽视，最高人民法院每个月都会通过《公报》公布一些典型的案例以发挥其指导功能。并且，2005年最高人民法院在《人民法院第二个五年改革纲要》中也明确了改革措施："规范和完善案例指导制度，建立指导性案例的编选标准、编选程序、发布方式、指导规则。"

第二，虽然可能存在"法庭之友"制度的功能与我国现行的一些诉讼制度部分重合的问题，但是，现有的制度并不能发挥"法庭之友"的作用，更无法替代。（一）我国的第三人制度与"法庭之友"有较大的差别。我国民事诉讼法所规定的第三人，都是与案件的审理结果有利害关系的人。第三人参加诉讼要么是主张独立的诉讼请求（利益），要么是为了自己的利益而辅助一方当事人诉讼。但是，无论是有独立请求权的第三人还是无独立请求权的第三人，他们在诉讼过程中都不可能保持中立。并且，司法实践中，第三人制度也存在着不足和缺陷。而英美法系中的"法庭之友"则并不局限于利害关系人，它包括：政府部门、中立的个人和机构（从事某项科学研究或法律事务的专业人士及科学研究机构）和与案件有利害关系的利益集团或可能受法院判决影响的个人和机构。而且，"法庭之友"主要还是以中立的身份出现的。（二）人民陪审员不能代替"法庭之友"。我国的人民陪审员制度经过长期的建设和发展，已经有所改善。但是，我国的人民陪审员制度并不能很好地弥补法官在审判中知识的局限性。根据笔者的调查，部分地区基层法院在执行人民陪审员制度时存在严重的偏差，人民陪审员的选任并未严格按照全国人大常委会《关于完善人民陪审员制度的决定》的要求，人民陪审员的名单是由法院内部确定的，且真正参与案件审理的陪审人员也是基本固定的——一些人民陪审员几乎每天参加审判，而另外一些人民陪审员则有名无实，基本不参加案件的审判。由于对人民陪审员的选任缺乏有效的监督，人民陪审员职位变相成为解决就业、照顾关系的一种方式。并且，许多法院的人民陪审员之所以被通知参加案件审理，是基层法院为了应对案件快速增长的压力，弥补法官人数的不足而采取的一种应急措施。这在一些基层人民法院的派出法庭表现得尤为明显：许多派出法庭真正在岗、能够参加案件审理的法官还不到三名，一旦需要采取普通程序组成合议庭审理案件，则只能由陪审员参加。人民陪审员并未发挥其应有的作用，而是基本上成为了陪衬和点缀——"陪而不审"。由于人民陪审员不能有效地参与法庭审判，也不能真正代表民意，从而导致司法审判的公信力不高。（三）虽然"法庭之友"制度与司法鉴定人、专家辅助人的功能在不同程度上存在重合，但是这不能说明我们不需要"法庭之友"制度，而恰好证明"法庭之友"制度与我国现行法律制度并不抵触，我国存在引入该制度的"土壤"。

第三，我国司法独立的法律环境确实与美国有极大的差距，司法实践中存在诸多干预司法的案外因素，例如，新闻媒体、网络及社会舆论等，尤其是政府干预司法现象严重。我国的司法独立问题有诸多制约因素，有历史、政治、法律文化传统和社会等方面的原因。相对而言，引入"法庭之友"制度可能对我国司法独立产生的不利影响是非常小的。而且，这一问题可以通过对"法庭之友"制度在设立之初就加以限制和规范得到化解。科学技术的日新月异和经济社会发展的急剧转型，使法院面临很多挑战。面对大量涌现的新型、复杂疑难案件，法官业务素质和知识结构的局限性以及立法的滞后性等问题非常突出。虽然经过多年的努力，我国各级法院法官的政治素质、职业道德水平及业务能力均有大幅度提升。但是，应当看到法官尤其是基层法官的办案水平和能力仍存在严重不足。大部分现任法官离"专家型法官（精英型法官）"的目标还有较大的距离。并且，社会上仍然对"司法职业化、专业化抑或是大众化"存在争论。近年来，涉及知识产权、股票、期货、产品质量、海损、环境污染、医疗事故等专业性很强的纠纷急剧增加，这些案件的审理尤其需要借助"法庭之友"意见（专家意见）。

第四，虽然中美之间在利益集团的形成和发展等方面存在巨大的差异，但是并不能否认现阶段中国存在各种各样的利益集团，更不能否认他们在政治、经济等方面的作用。每年的人大、政协会议期间，许多的议案实际上是由那些代表各个利益集团的代表、委员提出的。在美国，存在数量庞大的社团组织，他们代表着各个阶层和群体的利益。比较著名的、在全美范围内有影响的较大组织主要有：美国商会、全美步枪协会、全国建造商协会、美国医学会、全国有色人种协进会、全国农场主联盟、美国犹太人委员会等等。20世纪60年代以来，又成立了以环境保护、消费者保护为主旨的一大批保护公众利益的团体。可以说，利益集团已经融入美国普通公民的日常生活，成为他们参与政治和经济生活的重要途径。尽管我们对利益集团问题向来讳莫如深，但是，社会经济发展的不平衡性必然导致社会利益分化，潜在的利益集团的出现是不可避免的。然而，不承认利益集团的合法性，也就缺少了对利益集团的规制，这在中国造成了一种不平等的利益集团参与模式。

我国利益集团目前最大的特点是发展的非均衡性。"某些社会阶层中的少数群体凭借其拥有的强大经济资源和社会资本，以超政治权力的方式，在政权的默认下，公开以利益集团的方式影响着政府的政策。而弱势群体或阶层，由于资源和社会资本的匮乏，其表达利益诉求的活动不得不受到制度的严格限制，只能以潜在利益集团的形式存在于政治生活中。这种强势利益集团和潜在利益集团在政治参与中的不平等，反过来巩固和加剧了不同阶层、群体或集团之间在资源和社会资本拥有方面的结构性不平等。这导致了中国目前的利益集团的活动呈现出一种无序的局面，大量利益集团的活动是非法的、具有相当的社会危害性。"由于我国利益集团发展强弱失衡，不加区分和限制地由利益集团来担当"法庭之友"可能会造成新的社会不公。因此，我们须要对可以提出"法庭之友"意见书的主体加以严格限制，即只允许政府部门及工会、妇联、共青团、残联、青联、学联等人民团体组织和环境保护、动植物保护、消费者保护等公益性民间组织作为"法庭之友"。

第五，司法资源不足并不能成为反对引入"法庭之友"制度的正当理由。随着经济社会的发展，相对于日益增长的案件数量，我国的诉讼资源确实存在严重不足。但是，司法资源的不足，只能由国家通过增加有效的投入来解决，不能因此而拒绝采纳"法庭之友"制度。相反，"法庭之友"制度的确立，还有利于案件的公正解决，加快诉讼进程，提高诉讼效率。

虽然国内法学界存在两派截然相反的意见，但是以赞成者为多数意见。笔者认为引入该制度具有可行性，理由有四：

首先，我国的职权主义审判方式为"法庭之友"制度的引入提供了良好的平台，奠定了制度性基础。因为职权主义审判方式的典型特征就是法官掌握着诉讼的指挥权，在审判过程中始终处于主导地位，控制着诉讼进程和节奏，决定证据的"可采性"和证明力等，由法官启动适用专家法律意见书的程序对法官的裁判有着积极的作用，这些都是适用"法庭之友"制度的有利条件。

其次，在法律功能上与"法庭之友"极为相似的司法鉴定人制度已经存在于我国目前司法制度中。而且，在诉讼过程中，一方当事人往往会使用

"特种武器"——专家法律意见书。虽然目前我国的法律没有明文规定，但是在司法实践中，当事人邀请法律专家进行论证出具所谓的"专家意见书"的现象已经十分普遍。不少著名的学术团体、法学研究机构等也提供出具专家法律意见书的服务。据浙江省高级人民法院研究室的调查，国内刑法、民商法、行政法学界的一流学者几乎都有参加论证会出具专家法律意见书的经历。"浙江省各级法院均有收到'专家法律意见书'的情况，并且有增多的趋势，涉及的案件类型也比较多。"①

再次，从某个角度而言，最高人民法院《关于民事诉讼证据的若干规定》第六十一条规定的专家辅助人制度是对"法庭之友"制度的一种尝试。最高人民法院《民事诉讼证据的若干规定》第六十一条规定："当事人可以向人民法院申请一至二名具有专门知识的人员出庭就案件的专门性问题进行说明。人民法院准许其申请的，有关费用由提出申请的当事人承担。审判人员和当事人可以对出庭的具有专门知识的人员进行询问。经人民法院准许，可以由当事人各自申请的具有专门知识的人员就有关案件中的问题进行对质。具有专门知识的人员可以对鉴定人进行询问。"这实际上是在司法鉴定人之外，新增加了诉讼辅助人（也称专家辅助人）制度。根据该规定，所谓的专家辅助人，即是指由当事人聘请的在科学、技术以及其他专业知识方面具有特殊的专门知识或经验的人员，经法院准许，他们可出庭辅助当事人对讼争的案件事实所涉及的专门性问题进行说明或发表专业意见和评论。对于诉讼中的某些专门性问题，当事人及其诉讼代理人以及法官都不可能十分了解，因而聘请具有专门知识、技能的人进行说明、解释、协助质证就非常必要。可以说，专家辅助人就是一方当事人聘请的技术顾问。

而且，目前各地的省级人民法院和人民检察院、较大城市的人民法院和人民检察院都设有专家咨询委员会，聘请一些知名法学专家出任委员，在遇到疑难、新类型或有重大影响的案件时，邀请和组织这些专家进行论证，出具法律

---

① 浙江省高级人民法院研究室．"专家法律意见书"对审判工作的影响［J］．法律适用．2003．10．34．

意见书为审理案件提供参考。① 在大陆法系，法学专家作为社会中具有专业知识的特殊群体，其意见具有极高的权威性和说服力。借助法学专家的智识支持，审判法官的判决可以获得更大程度的认同。其实这种做法也非中国所独有。直到今天，在德国仍流行着疑难案件送交法学教授进行鉴定和论证的做法，这还是法学专家"创收"的一种手段。②

最后，引入"法庭之友"制度为我国新形势下司法审判所必需。随着我国市场经济的深入发展，各种复杂的经济纠纷或者其他专业性很强的案件日益增多。社会分工日益深化，我们不可能要求法官成为精通各个学科的"全才"，对于大多数专业性的问题而言法官必定是"外行"。此时，法官就必须借助那些某一方面的专家和权威的支持。尤其是当法院审理涉及股票、期货、产品质量、海损、环境污染等专业性很强的纠纷时，更是需要专家的专业性意见。此外，对于近年来我国各地不断涌现的公益诉讼而言，由于其诉讼类型的特殊性，尤其需要获得类似"法庭之友"的制度支撑。

总之，我国的职权主义民事诉讼模式和司法改革的实践已经为"法庭之友"制度的引入奠定了良好的基础。

⑤关于合议庭改革

我国人民法院自上个世纪末便开始借鉴西方发达国家的先进制度推行合议庭改革，经过十多年的探索与实践，人民法院合议庭制度已有长足发展，审判管理工作已经有章可循，逐步走上正轨。1998 年 6 月 9 日，最高人民法院颁布了《关于民事经济审判方式改革问题的若干规定》专门就加强合议庭和独任审判员职责问题做了规定，明确要求"合议庭组成人员必须共同参加对案件的审理，对案件的事实、证据、性质、责任、适用法律以及处理结果等共同负责"。但是，该司法解释比较原则化，未对评议案件的具体程序等作出规定，可操作性不强，各地在具体执行中遇到了一些实际问题。

2000 年 7 月 11 日，为了提高法官队伍的素质，充分发挥合议庭的职能作

---

① 在最高人民检察院颁发的《检察工作五年发展规划》中就明确提出："建立专家咨询制度。在高检院、省级院和较大城市、有条件的地市级检察院，建立专家咨询制度，从有关部门聘请若干法律、经济、金融、证券、科技等方面的专家，组成专家咨询委员会或专家咨询组，听取专家对疑难复杂案件的论证意见，利用专家的知识资源，培训、提高检察干警的实际工作能力。"

② 翁岳生. 德国大学法学院对审判实务之影响. 法治国家之行政与司法 [M]. 台湾：台湾月旦出版社股份有限公司，1995.

用，确保司法公正，提高审判效率，根据《中华人民共和国人民法院组织法》、《中华人民共和国法官法》和有关法律规定的精神，结合审判实践，最高人民法院又专门制定了《人民法院审判长选任办法（试行）》。新的审判长选任制度对审判长的职权作了明确规定：担任案件承办人，或指定合议庭其他成员担任案件承办人；组织合议庭成员和有关人员做好庭审准备及相关工作；主持庭审活动；主持合议庭对案件进行评议作出裁判；对重大疑难案件和合议庭意见有重大分歧的案件，依照规定程序报请院长提交审判委员会讨论决定；依照规定权限审核、签发诉讼文书；依法完成其他审判工作。根据《办法》，实行审判长选任制度后，审判长将组织合议庭独立完成一般案件的审理，并依法作出对案件的处理决定。《人民法院审判长选任办法（试行）》的推行，明确了合议庭的领导和管理，有利于合议庭的正常运作。

审判工作中，立案与审判分立、审判与执行分立、审判与监督分立，是确保司法公正的重要前提。2000 年，中央批准了《最高人民法院机关机构改革方案》。根据机构改革方案，新设立了立案庭和审判监督庭，由立案庭负责立案登记和按顺序分派案件，并对各类案件进行审限流程管理，以尽量避免和减少法官与当事人的庭外接触。最高人民法院此次机构改革的另一个成果是，创新审判庭的设置，建立了大民事格局，完善了刑事、民事、行政三大审判体系，使人民法院审判工作的职责分类更加清晰、更加科学合理。将经济（知识产权）、交通运输纳入民事审判的大类，设立四个民事审判庭，即专门审理婚姻家庭、人身权利和房产合同纠纷的民事审判第一庭；审理法人之间、法人与其他经济组织之间的各类合同及侵权纠纷的民事审判第二庭；审理著作权、商标权、专利权、技术合同等知识产权案件的民事审判第三庭；专门审理海事海商案件的民事审判第四庭。这是对民事审判工作的重大调整，是审判制度的重大改革，必将对司法实践和理论研究产生积极而深远的影响。

2002 年 8 月 17 日起施行的最高人民法院《关于人民法院合议庭工作的若干规定》在总结各地人民法院审判经验的基础上，对合议庭的工作程序作了进一步的规范。这一规定对合议庭评议案件时的发言顺序、内容、表决方式及意见的处理等加以明确，使得合议庭的工作开展能够更加有序。2004 年 4 月，最高人民法院下发了《关于完善院长、副院长、庭长、副庭长参加合议庭审理案件制度的若干意见》，要求各级人民法院院长、副院长、庭长、副庭长除参加审判委员会审理案件以外，每年都应当参加合议庭或者担任独任法官审理案件。院长、副院长、庭长、副庭长参加合议庭审理案件时,依法担任审判长,与其他合议庭成员享有平等的表决权。《意见》明确了院长、副院长、庭长、副庭长应当通过直接办理案件而不是通过诉讼程序之外的领导和指挥来发挥其在审判工作中的表率作用,以免构成对合议庭独立审判的威胁。2009年12月14日,为了进一步理顺合议庭与审判委员会、院长、庭长、庭务会之间的关系,最高人民法院通过了《关于进一步加强合议庭职责的若干规定》。这一司法解释与以前的相比较又有了新的进步,规定了"合议庭由审判员、助理审判员或者人民陪审员随机组成。合议庭成员相对固定的,应当定期交流"及承办法官的职责等事项。

上述司法改革举措,对于规范合议庭的审判活动具有积极的意义。通过一系列的改革,弱化了合议庭的行政色彩,实行相对独立的合议庭制度,还权于合议庭。这样就能够发挥我国合议庭制度的优越性,更好地实现司法的公正、高效和权威。同时,通过不断的改革和完善,我国的合议庭制度更加适应现代法治理念对司法审判的要求,也为我们借鉴西方法治先进国家的审判制度打下了良好的基础。

⑥关于法官助理制度

法官助理制度已经在我国推行了十余年,取得了一定的成绩和经验。早在1999年,最高人民法院颁布的《人民法院五年改革纲要》便指出:"随着审判长选任工作的开展,结合人民法院组织法的修改,高级人民法院可以对法官配备法官助理和取消助理审判员工作进行试点,摸索经验。"依据《纲要》精神,时任北京房山区法院经济庭庭长的张仲侠在院长的支持下,开始在经济庭推行法官助理制度试点改革。2000年2月20日,经过法官重新选任,何秀芬等四名法官留在审判岗位上。其他的八名法官有的自愿从事了法官助理工作,有的应其要求到其他庭继续做审判工作。法官助理制度在经济庭的正式实施,开启了房山法院历史上新的一页。房山区人民法院的法官助理制度改革取得了可喜的成果:"法官助理制度的设立,大大地缓解了案件激增、法官有限给法院工作带来的困扰。"① 2002年7月6日,最高人民法院副院长祝铭山在"全国法院队伍建设工作会议"上的讲话明确了法官助理的性质和作用以及法官制度的意义。他指出,法官助理制度是作为法官职业化建设的一项配套措施而

---

① 王健. 他们为何第一个吃螃蟹 [J]. 民主与法制. 2009. 8. 12~14.

推行的。法官助理是从事审判业务的辅助人员，本身没有审判权。设立法官助理的目的就是要通过合理划分审判工作职责，理顺法院审判人员与其他各类审判辅助人员的关系，保证法官专事案件的审理工作，以实现司法资源的合理配置，提高审判质量和效率。与此同时，最高人民法院在本次会上还提出了《关于人民法院法官助理若干问题的规定》的征求意见稿，具体确定了法官助理的职责、条件、管理等内容。

2002 年 7 月 25 日，最高人民法院正式颁布《关于加强法官队伍职业化建设的若干意见》，《意见》明确要在全国法院内部展开法官制度改革，重点推行法官员额制度、法官选任制度、法官助理制度等项改革，以促进法官职业化建设进程。《意见》第 29 条规定："试行法官助理制度。法官助理是从事审判业务的辅助人员。确定法官员额后，一些不能继续担任法官但符合法官助理条件的人员可以担任法官助理。法官助理符合《法官法》规定条件的可以被选任为法官。此项工作要在积极开展试点并取得成功的基础上逐步推广。"2004 年 9 月，经中共中央组织部同意，最高人民法院下发了《关于在部分地方人民法院开展法官助理试点工作的意见》。从而正式确定在北京市房山区人民法院、北京市海淀区人民法院、广东省深圳市中级人民法院、长春市中级人民法院、海南省高级人民法院、遵义市红花岗区人民法院等 18 个法院试行法官助理制度。法官助理制度试点工作四年来，18 个试点法院经过艰辛努力，取得了积极成效，积累了许多的有益经验。最高人民法院认为法官助理制度基本可行，因而在 2008 年，经中组部同意，又安排贵州、四川、重庆、云南、广西、陕西、内蒙古、新疆、宁夏、西藏、甘肃、青海等西部 12 个省、自治区、直辖市辖区的 814 个基层人民法院在 2008 年 6 月底前正式启动实施法官助理制度试点，以进一步缓解西部基层法院法官短缺问题，加快法院工作人员分类管理改革进程。

法院人员的分类管理是法官职业化建设的突破口，而法官助理制度的设立则是实现法院人员分类管理的关键一步。法官助理制度试点推行以来，已经取得了显著成效。实践表明：设立法官助理制度有利于法官职业化的推进，有利于司法公正的实现和司法效率的提高。全国 800 余家法院推行法官助理制度的成功，为我们在全国范围内实行法官助理制度，从而施行法院人员分类化管理提供了必要的条件。

⑦关于案件管理

法学界普遍认为，我国的民事诉讼是职权主义模式，甚至是超职权主义模式，并不存在英美法系国家民事诉讼中当事人主导诉讼进程的现象。但是，我国实行改革开放、推行市场经济以来，由于多重因素的叠加影响，司法实践中民事案件数量增长迅猛，导致法院和法官超负荷运作，法院积案过多现象愈演愈烈，严重影响了审判的质量和权威。在这种大背景下，最高人民法院也在不断探索解困之路，积极寻求破局之法。最高人民法院颁布的一系列的司法改革文件均涉及审判流程管理的问题。1999 年 10 月 28 日，最高人民法院颁布的《人民法院五年改革纲要》提出："建立科学的案件审判流程管理制度，由专门机构根据各类案件在审理流程中的不同环节，对立案、送达、开庭、结案等不同审理阶段进行跟踪管理，保证案件审理工作的公正、高效。"2005 年 10 月 26 日颁布的《人民法院第二个五年改革纲要（2004～2008）》要求："健全和完善科学的审判流程管理制度，逐步做到同一级别的法院实行统一的审判流程管理模式，同时在考虑案件类型、难易程度等因素的前提下建立和完善随机分案制度。"2009 年 3 月 25 日颁布的《人民法院第三个五年改革纲要（2009～2013）》也明确："改革和完善审判管理制度。健全权责明确、相互配合、高效运转的审判管理工作机制。研究制定符合审判工作规律的案件质量评查标准和适用于全国同一级法院的统一的审判流程管理办法。规范审判管理部门的职能和工作程序。"

就改革的内容而言，我国各级法院目前所进行的案件管理工作主要集中在立案程序和审前程序两大部分。

首先，是在立案程序中进行审判工作管理。此项工作一般由各个法院的立案庭负责，具体的管理内容和方式包括：确定案件开庭日期、审限跟踪和案件分流。1997 年 4 月 21 日，最高人民法院制定了《关于人民法院立案工作的暂行规定》，从源头开始加强案件流程管理，确立了"审立分立"的原则。其中的第五条规定："人民法院实行立案与审判分开的原则。"《规定》还试图对案件受理进行全程的监督管理。其第二条规定："上级人民法院对下级人民法院的立案工作进行监督和指导。基层人民法院对人民法庭的立案工作进行检查和指导。"第十四条："起诉经审查决定立案后，应当编立案号，填写立案登记表，计算案件受理费，向原告或者自诉人发出案件受理通知书，并书面通知原告预交案件受理费。"第十五条："决定立案后，立案机构应当在二日内将案件移送有关审判庭审理，并办理移交手续，注明移交日期。经审查决定受理或立案登记的日期为立案日期。"通过该规定的推行，各地法院基本规范了立案程序。

为强化对案件流程的监督管理，提高诉讼效率，减少诉讼迟延，2000 年 9 月 22 日，最高人民法院又颁布了《关于严格执行案件审理期限制度的若干规定》。该《规定》明确了各类案件的审理、执行期限，立案、结案时间及审理期限的计算，案件延长审理期限的报批，上诉、抗诉二审案件的移送期限及对案件审理期限的监督、检查等。

其次，借鉴国外先进经验，通过审前程序进行案件管理。2001 年 12 月 21 日最高人民法院发布了《关于民事诉讼证据的若干规定》。《证据规定》确定了证据交换和证据失权制度，赋予法官在开庭审理前以初步的案件管理权力。《证据规定》第三十四条规定了证据失权制度："当事人应当在举证期限内向人民法院提交证据材料，当事人在举证期限内不提交的，视为放弃举证权利。对于当事人逾期提交的证据材料，人民法院审理时不组织质证。但对方当事人同意质证的除外。当事人增加、变更诉讼请求或者提起反诉的，应当在举证期限届满前提出。"

《证据规定》的第三十七条至第四十条又明确规定了证据交换制度。第三十七条："经当事人申请，人民法院可以组织当事人在开庭审理前交换证据。人民法院对于证据较多或者复杂疑难的案件，应当组织当事人在答辩期届满后、开庭审理前交换证据。"第三十九条还规定："证据交换应当在审判人员的主持下进行。在证据交换的过程中，审判人员对当事人无异议的事实、证据应当记录在卷；对有异议的证据，按照需要证明的事实分类记录在卷，并记载异议的理由。通过证据交换，确定双方当事人争议的主要问题。"

随后，为保障和方便当事人依法行使诉讼权利，保证人民法院公正、及时审理民事案件，2003 年 7 月 4 日最高人民法院又作出了《关于适用简易程序审理民事案件的若干规定》。《规定》对简易程序的适用范围、起诉与答辩、审理前的准备、开庭审理及宣判与送达等问题进一步加以明确，尤其值得注意的是它规范了简易程序中的审前程序，具体规定了证据交换、程序异议的处理及程序转换、应当先行调解的六类案件、调解协议及民事调解书等，从而独任法官可以在审前阶段通过调解结案。《规定》的施行有利于简易程序的运用，从而也有利于案件的繁简分流。

此外，我国的各级检察机关也已经开始运用案件管理机制的探索并已取得初步成效。① 目前，各级人民检察院都逐步设立了案件管理中心（办公室），专门负责对案件流程、案件质量和案件统计信息等进行集中、统一管理。人民检察院案件管理中心的基本职能定位为"管理、监督、服务和参谋"；具体职责是统一案件受理、统一案件分配、统一案件送达、统一赃证款物管理、统一案件数据出入口、统一办案流程监控。案件集中管理能够有效强化内部监督制约，提高管理科学化水平，规范执法行为，提高办案质量，保障司法公正的实现。

当前，对司法过程进行控制已经为两大法系的法院和法官所认同，案件管理制度的出现也给我国的民事司法改革提供了有益的启示：增强我国法官对民事案件的管理权限，可以加快推进诉讼程序的进行，提高司法效率，从而防止诉讼拖延，保障和促进审判质量的提高。十余年来，我们所推行的自上而下的案件管理改革实践，虽然仍存在着诸多争论，但已经初见成效。它为我们进一步认识美国案件管理制度的合理性并加以借鉴，打下了坚实的基础。

---

① 石京学. 案件管理的理论基础［J］. 检察实践. 2005. 4. 38.

第六章

美国《上诉法院标准》的启示与借鉴

6.1　我国民事上诉审改革的时代背景

随着我国各项改革的深入和发展，司法改革也得到了党和国家的高度重视。"深化司法体制和工作机制改革是党中央从建设中国特色社会主义事业全局出发作出的重大决策。""司法体制改革作为政治体制改革的重要组成部分，是中国特色社会主义司法制度的自我完善和发展，必须坚持中国特色社会主义方向。要从维护人民群众根本利益、满足人民群众司法需求出发，立足我国的基本国情，着眼于维护国家安全和社会稳定的迫切需要，从国家法律和制度机制层面认真谋划，努力建设公正高效权威的社会主义司法制度。"① 而且，改革的"时间表"也更加清晰——2012 年对司法体制改革进行评估和总结，确保党的十八大召开之前，新一轮司法体制改革各项措施基本落实到位。

①司法改革取得一定成效

改革开放以来，伴随着经济体制的转型和社会的变迁，我国的司法制度进行了多项改革。特别是党的十七大明确了司法改革的目标要求，提出了权力的优化配置和司法行为规范化的具体路径，推动司法体制内部和外部两方面的改革向纵深发展。2007 年 6 月 4 日，中国最高人民法院院长、首席大法官肖扬在第 12 届亚太地区首席大法官会议上作专题发言，全面阐述中国司法改革的成就时指出：十年来，中国司法机构专业化程度有了很大提高；职业化的法官管理制度进一步完善，法官制度成为司法制度的重要组成部分；诉讼程序更为合理，司法为主渠道的多元化纠纷解决机制趋于成熟；司法管理职能纳入司法

---

① 周永康. 认真贯彻中央决策部署积极稳妥推进司法改革［J］. 人民检察，2009，(9)：1.

制度体系。①

②司法改革逐步深入

司法改革的发展是从技术到体制、从局部到整体。始于 20 世纪 80 年代末的我国民事司法改革，国内有学者认为大致是"沿着强调当事人举证责任——庭审方式改革——审判方式改革——审判制度改革——诉讼制度改革——司法制度改革的轨迹发展的。"② 从中可以看出改革的路径是从技术层面向司法体制发展，从局部改革到整体改革迈进。南京师范大学教授夏锦文先生也认为："从改革开放 30 年来司法改革的总体进程来看，人民法院的司法改革呈现出一条由司法规范重建——审判方式改革——司法体制改革的基本走向。在重建司法规范制度和恢复司法秩序的基础上，以民事审判方式改革为切入点，不断深化改革，逐步推进到审判组织、审判程序、机构设置、法官职业化、法官人事制度、管理制度等法院制度的各个层面。司法改革走过的 30 多年历程大致可以划分为三个阶段，即：以恢复重建司法规范为主的阶段，以审判机制及方式改革为主的阶段和以司法体制改革为主的阶段。"③

司法改革实践的全面启动是在 1997 年党的十五大以后，司法改革逐步走上前台，引人瞩目。1997 年 10 月召开的党的十五大，正式提出了"依法治国，建设社会主义法治国家"的目标，明确"推进司法改革，从制度上保证司法机关依法独立公正地行使审判权和检察权"。"司法改革"从此正式成为国家政治生活的一部分。2002 年 11 月，站在中国特色社会主义事业发展的战略高度，党的十六大作出了"推进司法体制改革"的战略决策，将司法体制改革作为贯彻落实依法治国基本方略的重大举措和政治体制改革的重要组成部分，作出了相应部署。2004 年 9 月，党的十六届四中全会通过了《中共中央关于加强党的执政能力建设的决定》明确了司法体制改革是"以保证司法公正为目标"。2004 年底，中共中央转发了《中央司法体制改革领导小组关于司法体制和工作机制改革的初步意见》，提出了改革和完善诉讼制度、诉讼收费制度、检察监督体制等 10 个方面的 35 项改革任务。2007 年 10 月，党的十七大从发展社会主义民主、全面落实依法治国基本方略、加快建设社会主义法治

---

① 肖扬．中国司法改革的成就与发展趋势［J］．人民司法，2007，(13)：4.

② 景汉朝．卢子娟．经济审判方式改革若干问题研究［J］．法学研究，1997，(5)：3.

③ 夏锦文．当代中国的司法改革：成就、问题与出路［J］．中国法学 2010，(1)：17.

国家的战略高度，作出了"深化司法体制改革"的重大决策。从十五大时的"推进"到十七大时的"深化"——在党中央的坚强领导下，司法体制改革进一步迈向深入，获得稳步推进。

2008年12月，中共中央转发《中央政法委员会关于深化司法体制和工作机制改革若干问题的意见》，提出在继续抓好2004年中央确定的司法体制和工作机制改革事项的基础上，从人民群众司法需求出发，以维护人民利益为根本，以促进社会和谐为主线，以加强权力监督制约为重点，紧紧抓住影响司法公正、制约司法能力的关键环节，进一步解决体制性、机制性、保障性障碍，优化司法职权配置，规范司法行为，建立公正高效权威的社会主义司法制度，为保障社会主义市场经济体制顺利运行，为中国特色社会主义事业提供坚强可靠的司法保障和和谐稳定的社会环境。《意见》围绕优化司法职权配置、落实宽严相济刑事政策、加强政法队伍建设、加强政法经费保障四个方面，提出了60项改革任务。

③司法改革由从下到上到从上而下

我国的司法改革在初始阶段，处于"摸索"时期，司法改革的路径和方向并不明确，主要是模仿和借鉴西方发达国家的一些制度，以改进完善我国的相关制度。改革派积极性很高，司法改革的主体主要是各地司法机关——大多是沿海发达城市的。其纷纷出台审判方式改革和证据制度改革的规定。学术界对司法改革的目标也各有主张，许多学者积极投身于司法改革的学术研究，并参与实践探索。2004年之前，司法改革的突出特点是，两个最高司法机关"各自为战"，既没有全国人民代表大会的支持、参与和指导，也没有国家人事部门和财政部门等实权部门的介入，更谈不上执政党的直接领导，这种情况无法形成合力，司法部门出台的改革措施也得不到其他有关部门的理解和呼应，使得改革的效果大打折扣。[①] 十六大以来，在党中央的坚强领导下，中央政法机关和有关部门共同努力，在神州大地上展开了一场声势浩大、前所未有的司法体制改革大实践。2003年5月，中央宣布成立由中央政治局常委、中央政法委书记罗干同志担任组长的中央司法体制改革领导小组，指导全国司法体制改革工作的进行。该领导小组的设立实际上标志着主导中国司法改革进程的核心机构的出现，以及一种全新的自上而下的改革策略和模式的最终确立。

---

① 齐树洁.我国司法体制改革的回顾与展望．[J]．毛泽东邓小平理论研究2009，(4)：47.

6.2　现状及争议

依法治国是我国的基本方略，建设社会主义法治国家是主要任务。通过几十年的努力，我国已经基本建成有中国特色的社会主义法律体系。笔者认为，现行中国司法体制是根据宪法和法律设定的，符合人民民主专政的国体和人民代表大会制度的政体，总体上与社会主义初级阶段的政治经济制度和基本国情相适应。然而，随着社会主义民主法治建设的推进和社会主义市场经济的发展，司法环境发生了许多新变化，司法工作出现了许多新情况，人民群众对司法工作提出了许多新要求，现行司法体制存在一些不完善、不适应的问题，有法不依、执法不严和司法实践中裁判不公、处理不当、效率不高等问题在不同程度上存在，人民群众反映强烈。司法改革 30 多年来，效果并不尽如人意。司法改革主要集中在法院制度，改革措施局限在中观、微观和技术层面，"这些措施大体上还是在现行司法制度和现行司法体制下进行的，没有触及制度和体制本身。"① 而且，"司法改革的自发性、分散性、随意性较为明显，缺少必要的价值目标指引和整体规划设计，从宏观审视呈现出零打碎敲、杂乱无章的态势。这一系列问题归根结底是当下中国司法改革的全局性缺失问题。"②

当前，司法改革向纵深发展的序幕已经在我国拉开，我们深信一个属于司法改革的伟大时代即将会到来。但是，对于司法改革将会遇到怎样的困难，重点要解决哪些问题等，各位专家学者都有自己的观点和看法。伴随着改革的历程，对于司法如何改革、怎样改革的问题，争议不断。这些问题涉及司法机构建设、司法机制的设置、司法独立的保障、司法权威的确立及司法公正的实现等方面，主要有："司法职业化、专业化抑或是大众化"③、"司法能动与司法克制"④、"司法的工具化与司法的中立化"、"司法改革的目标是司法独立还是司法公正"等等。因而，一段时期以来，司法改革出现了徘徊。现在发展

---

① 顾培东. 从经济改革到司法改革 [M]. 北京：法律出版社，2003. 23.

② 夏锦文. 当代中国的司法改革：成就、问题与出路 [J]. 中国法学 2010，(1)：19.

③ 何兵. 司法职业化与民主化 [J]. 法学研究 2005，(4)：100.

④ 中国人民大学书报资料中心编辑出版的《复印报刊资料·诉讼法学、司法制度》2010 年第 5 期做了一个专题，转发了一组有关司法能动的研究文章：江必新的《能动司法：依据、空间和限度》、杨秀清的《司法过程能动性的理性思考》、李桂林的《司法能动主义的考察》以及魏胜强的《法官能动与法院克制》。

进入关键时期，改革已经到了攻坚阶段，必须尽快解决这些争议，厘清思路，扫清司法改革障碍。

关于人民法院的司法改革仍存在诸多争议。华东政法大学教授刘松山认为："但由法院自身搞司法改革是存在诸多严重问题的。"甚至其合法性亦有疑问："但长时间以来，一些违背宪法和法律的'改革'依旧在我行我素。"①但是，绝大多数学者是支持法院进行司法改革的。北京大学教授贺卫方先生指出："尽管改革措施不断地推出，然而，实际的效果却是不尽如人意。"贺先生认为："有关现代司法以及现代政府建构的基本道理的更全面、更深入地传播具有不可替代的重要性。与此同时，法院自身在法官选任、司法权行使方式、法院管理以及司法职业伦理等制度的建设方面更加明确、清晰和有力的改革也是十分重要的。"②当代著名法理学家、华南理工大学法学院院长葛洪义教授针对司法实践中出现的乱象，提出要"深入进行司法改革，树立被动司法的司法理念"。主张"法律人依法办事，就必须走职业化、专业化的司法改革路线。"他认为，"司法改革的重心应该是基层、地方司法机构和法律人集团依法办事能力及其相应的制度建设。"③

当前，人民法院体制中也存在一些突出的问题。前最高人民法院院长肖扬撰文指出，一是司法权力地方化，二是审判活动行政化，三是法官职业大众化。④最高人民法院法官刘会生指出："司法不公或司法腐败的根本原因在于我国现行法院管理体制存在的三个弊端：司法权地方化、法院内部管理行政化和法官的非职业化。"⑤清华大学教授张卫平认为："在法院体制方面，人们比较有共识的是体制的'四化'问题，即行政化、地方化、非职业化和非独立化。"⑥陕西师大刘安荣副教授则更进一步指出，我国法院体制行政化的具体表现为：1. 法院机关地位的行政化；2. 法官制度的行政化；3. 审判业务上的

---

① 刘松山. 再论人民法院的"司法改革"之非 [J]. 法学, 2006, (1): 5.

② 贺卫方. 中国的法院改革与司法独立 [J]. 浙江社会科学, 2003, (2): 84.

③ 葛洪义、冯善书. 关于司法改革的对话 [EB/01]. http://news.sina.com.cn/c/sd/2010-06-24/174920540886.shtml

④ 肖扬. 法院、法官与司法改革 [J]. 法学家, 2003, (1): 3.

⑤ 刘会生. 人民法院管理体制改革的几点思考 [J]. 法学研究, 2002, (3): 13.

⑥ 张卫平. 体制、观念与司法改革 [J]. 中国法学, 2003, (1): 4.

行政化；4. 审级间的行政化；5. 法院机关职能的行政化。① 针对上述问题，这些专家学者亦一并提出了自己的改革建议。

6.3 改进我国上诉审的具体建议

在司法改革的大背景下，民事诉讼法的修订又再次提上了全国人民代表大会的议事日程，2011 年 10 月 29 日，全国人大将《中华人民共和国民事诉讼法修正案（草案）》及其说明在中国人大网公布，向社会公开征集意见。可以说，民事诉讼制度的改革已如箭在弦上，势在必行。② 因而，笔者拟借此机会为我国《民事诉讼法》的修订建言献策。根据前面的分析论证，笔者认为，美国上诉法院标准制度对我国民事上诉审的改革至少在如下七个方面具有借鉴意义：

（一）明确上诉法院的职能，严格限定上诉审理的范围

我国 1954 年公布的《人民法院组织法》确立了四级法院二审终审制，其第十七条明确规定"下级人民法院的审判工作受上级人民法院监督"，因而我国一审法院和上诉法院的审级关系属于审判监督关系。但因法律未明确规定上诉法院审级职能，司法实践中，上级人民法院通常采一审法院判案方式对下级人民法院的裁判进行审判监督，抑或采重复一审法院"劳作"方式审理上诉案件，据此引发诸多有损司法制度公平高效权威之弊病。根据华东政法大学陈刚先生的研究，弊端主要表现在："就有损司法公平而言，由于担当上诉审的上级人民法院于地理距离上远于一审法院，加之重复一审法院审判活动，……既增加了诉讼成本，又会妨碍当事人有效实施诉讼行为，进而从实质上破坏了当事人诉讼权利平等原则，且损害了司法制度的公平性。就有损司法高效而言，担当上诉审的上级人民法院数量总是少于一审法院，重复一审法院审判活动，就会增大上级人民法院直接审理案件的负担，……从而形成积案并导致诉讼迟延，不便于当事人及时获得权利救济。就有损司法权威而言，上级人民法院的工作重点应当集中于审理级别管辖案件，对下级人民法院的审判活动进行

---

① 刘安荣. 我国法院体制的行政化及改革对策［J］，陕西师范大学学报（哲学社会科学版），2004，(11)：111

② 在本书修改过程中，2012 年 8 月 31 日第十一届全国人民代表大会常务委员会第二十八次会议通过了《关于修改＜中华人民共和国民事诉讼法＞的决定》，于 2013 年 1 月 1 日起施行。

审判监督，而重复一审审判活动，不仅要分散上级人民法院处理重点工作的精力，同时也易使下级人民法院产生依赖心理——让上级人民法院代其履行正确适用法律和查明案件事实之职责，从而'草率下判'引致上诉率居高不下，使当事人对司法制度之权威抱有怀疑。"①

为消除上述弊端，笔者建议，应借鉴有关美国上诉法院复审范围的原则规定，将我国上诉法院的职能确立为：通过依法审查一审裁判是否合法和有无根据以对下级人民法院的审判活动实施审判监督。同时，严格限定上诉审理的范围，赋予一审法院事实认定权。二审法院只审查初审中认定过的事实和提出过的问题，上诉审原则上仅审查法律适用问题，例外情况下才审查事实认定问题。原则上，高级人民法院及最高人民法院只受理上诉案件。

立法建议：将第一百五十一条修改为："第二审人民法院应当根据上诉目的及上诉理由有关的一审案卷材料以及当事人上诉期间提出的补充材料，对一审判决是否合法和有无根据进行审查。除法律有特别规定或是涉及案件管辖外，不得审理一审时未提出的问题和事项。对法律规定可以申请上诉的一审裁定的审查，准用上款规定。但法律另有规定的情形除外。"

（二）完善上诉审程序，增设飞跃上诉制度和附带上诉制度

美国规定了直接复审制度，即由州或联邦最高法院对地区法院（初审法院）的判决进行上诉审的制度。《上诉法院标准》规定：在案件对民众有直接而重大的意义时，经最高法院批准，案件由其直接复审。程序规定应当明确，此类问题在低等上诉法院待决时，依一方当事人申请或最高法院提议，可以直接提交最高法院。最高法院可以自由裁量决定，涉及公共利益的急迫问题，可以直接由最高法院复审。

英国有相似的所谓"跳背诉讼"。大陆法系国家也有此种类似制度，如德国、日本等的飞跃上诉制度（越级上诉）。

我国确立"越级上诉"规则，在立法上是借鉴了法治发达国家民事诉讼法的立法经验；在学理上有利于解决民事诉讼案件初审判决中涉及的某些重大公共利益的法律适用的争议问题。② 并且，实行越级上诉制度后，可以提高符合特定条件的案件的上诉审级别，有利于保证上诉程序审判的权威性，保障司

---

① 陈刚. 我国民事上诉法院审级职能再认识 [J]. 中国法学, 2009, (1)：180.

② 陈桂明. 诉讼公正与程序保障 [M]. 北京：中国法制出版社, 1996.112.

法的公正和统一。

因此，我们可以借鉴《上诉法院标准》，在我国设立越级上诉制度，立法加以规定："经最高人民法院或高级人民法院批准，对民众有直接、重大意义的民商事案件可由其直接复审（二审）。"

美国《上诉法院标准》中还规定了反上诉制度（Cross Appeal）："收到（对方当事人的）上诉通知后的一定期间内，允许当事人对终局判决提起反上诉（cross-appeal）。"而《联邦上诉程序规则》第四条（a）（3）也规定："如果一方当事人及时提交了上诉通知，其他当事人可以在对方当事人提交上诉通知之日起 14 日内或者是在规则 4（a）特别规定的期间内提交上诉通知，以最后到期的期间为准。"

大陆法系与此相似的是"附带上诉制度"。台湾学者杨建华先生研究认为："附带上诉者，当事人之一造对于第一审判决不利于己部分提起上诉后，被上诉人亦对原判决声明不服，请求废弃或变更第一审判决不利于己部分，而扩张有利于己部分之判决之行为也。"[1]

通常，一审判决后的情形是双方当事人都有理由上诉，但是一方或双方愿意接受判决结果。若设立了附带上诉制度，则此种情形下，一方当事人便不必因为对方当事人可能提起上诉而被迫上诉，或者是手握上诉通知在二审法院外徘徊，直至对方的上诉期间已过。

依此，笔者建议在我国民事诉讼法中引入附带上诉制度，即应当允许未在规定期限内上诉的当事人在另一方当事人提出上诉后较短期间内提起附带上诉（cross-appeal，反上诉）。

（三）改革法院设置体制，实行司法辖区和行政区划的分离

前已述及，美国联邦法院是按司法区划设置的，有的联邦巡回法院的辖区跨越几个州，而有的州，如加利福尼亚州则有多个联邦巡回法院。而美国州法院的设立情况要相对复杂些。传统上，各州的初审法院是按照县、城市及城镇的行政管辖区域来设置的，除了在那些从早期起就跨县或区设置初审法院的地区外。传统的法院管辖范围反映了那时地方政府的首要地位以及许多州的法院经费主要来源于县、城镇及城市资金的事实。但是，随着各州司法改革的进行，已经有越来越多的州初审法院是跨县和市设立的。尤其是，主要大城市的

---

[1] 杨建华. 民事诉讼事务问题研究 [M]. 台北：三民书局有限公司，1981. 359.

初审法院的管辖范围一般都包含了人口集中的县或城市，有的还包括了城市化水平较高的那些县。在一些大都市，初审法院管辖范围包括城市、县或人口集中的县，正如洛杉矶县那样。各州的上诉法院的设立基本上不以行政区划为依据：有十个州未设中间上诉法院，只有一家上诉法院，即州最高法院；在设立中间上诉法院的 40 个州中，有的只有一家中间上诉法院，而在设立多家中间上诉法院的州，其中间上诉法院的管辖范围也基本上是跨行政区划的。笔者以为，我国司法体制改革从长远计，宜考虑借鉴这种做法。

总的看来，只要司法辖区与行政辖区重合，司法权地方化的弊端就难免或多或少地存在，司法公正不能充分实现，司法的公信力也受到质疑。我国人民法院法官的吃、住、行不是社会化的，而是行政化的。地方政府对法院人财物大权的掌控，使得地方法院形成对其隶属和依附的关系。因此，为消除地方保护主义，维护国家法律的权威和统一，就要实行司法辖区与行政辖区分开。实行司法辖区与行政辖区分离，法院不按行政区划设置，而是根据人口及纠纷的数量、经济发展程度、交通状况和通讯状况等划分司法管辖区，按司法区划设置法院。在现阶段，根据我国的实际，为不至于造成大的变革，减少改革阻力，可以考虑在全国省、自治区及直辖市以下划定独立司法区，在司法区重新设置相应的基层法院和中级法院，形成跨市（县）的司法体系。这在一定程度上可以使司法与行政分离，从而改变现行的司法区域与行政区域完全重合的局面，以摆脱现在的地方法院对地方行政客观上存在的依附关系，有效地消除影响司法不公的种种弊端。同时，还可考虑以省、自治区、直辖市为单位，对地方三级法院的法官实行由省、直辖市、自治区人大常委会统一任命。并且，各省还应对法院系统的人员编制、业务经费及法院员工薪酬等进行统一管理，实行计划单列。

（四）引入"法庭之友"制度，允许案外人提交法律意见书

当前，我国正处于社会转型期，各种社会关系处在急剧变革之中。经济社会快速发展，社会利益分化、整合和重构导致利益主体多元化，民众权利意识的觉醒和增强使不同民事主体间的冲突加剧，纠纷的多样化、新颖化和专业化使法院不得不应对各种新型案件，在复杂案情、新的法律问题前，成文法制度固有的"滞后性"暴露了它的局限性。在司法改革的背景下，近年来，在我国各级法院审理案件的过程中，一方邀请或双方当事人分别邀请法律专家举行"专家论证会"，或向法院提交"专家法律意见书"的现象逐渐增多，司法实

践中"专家法律意见书"也往往会通过多种渠道对法官产生影响。但是，这种自发产生的"新生事物"，由于缺乏制度规范，在实践中已经产生了诸多问题。陈桂明教授认为：首先，"专家法律意见书"的有偿性使得出具该意见书的专家的地位不具有中立性；其次，"专家法律意见书"由一方当事人独立完成，不在法庭上出示，亦不向对方当事人公开，使得另一方当事人无法对该意见书的论证和观点见解作出辩驳，失去了平等行使诉讼权利的机会，严重违背了程序公正。第三，专家法律意见的形成以及对案件材料的审阅，通常都是在当事人或其委托律师的组织、引导下完成的，因此意见书的观点的正确性无法得到保障。另外，当事人向法院提供由著名法学专家所出具的法律意见书，使人不免产生该当事人有挟专家之"名"对法官施加影响进而求得有利于己的裁判的联想，而这无疑会对法官的公正形象造成负面影响，破坏了司法的公信力。①

我国对"专家法律意见书"规范的缺失导致了现实中法律意见书的混乱和无序。笔者认为，我们应当借鉴美国的法院标准，确立相关制度。为此，最高人民法院可以先行制定有关"专家意见书"的司法解释，待条件成熟后，再由全国人大通过立法修订三大诉讼法正式加以确立。相关规定应当明确：可以提交"专家法律意见书"的案件类型，其提出的主体、期间及程序，所涉及的事项及内容，当事人对专家意见书提交的异议及处理，法院的管理权限等等。

立法建议：在民事诉讼法修订时增加一条作为第五十七条："对涉及公共利益、社会公平、公序良俗或第三人利益的案件，有关机关、社会团体可以向人民法院提交法律意见书，表明立场。对于涉及特别或专门技术等复杂、新型案件，法院亦可以要求有关机关、社会团体提交法律意见书。在开庭审理前，此类法律意见书应当由人民法院发送当事人。"

（五）完善合议制度，严格审判法官的责任

合议制裁判是我国审判的基本组织形式，合议制度的重要意义在于，能够充分发挥审判集体的智慧，弥补个人能力上的不足和知识上的缺陷，保证正确处理案件，提高办案质量，促进司法正义的实现。二审程序担负着对第一审法院的审判活动实行审判监督的职能，所以《中华人民共和国民事诉讼法》第

---

① 陈桂明，吴如巧．"法庭之友"制度及其借鉴［J］．河北法学，2009，（2）：96.

四十一条规定："人民法院审理第二审民事案件，由审判员组成合议庭。合议庭的成员人数，必须是单数。"

但是，在近年来我国的司法实践中、合议制裁判运行过程中出现的"陪而不审"、"合而不议"、"形合实独"等现象已经严重影响到合议制的有效运作。尤其是司法实践中推行的案件承办人制度和固定合议庭的做法，更加剧了群体思维产生的风险。笔者作为兼职律师办理的多起刑事、民事及行政上诉案件的审判中都不同程度上出现了"形合实独"的问题。由于法院受理案件多，组成合议庭的各个法官均承办（主审）着多个案件。在审限严格的情况下，各位法官都只关注自己承办的案件，而很少认真查阅合议庭其他成员手中的案卷。一般情况下，除承办法官之外，其他法官合议之前很少阅卷。在进行案件评议时，一般都先由承办法官报告案情并提出处理意见，再由其他两位合议庭成员发表意见，然后合议判决。法律文书，包括判决书，基本上由承办法官起草，由审判长审核签发。审判过程中，案件承办人几乎包揽案件的主要工作，并承担与之相关的责任，案件的判决也主要以承办人的意见为依据。合议制基本流于形式，"一人审，两人陪"，合议庭其他成员"身在曹营心在汉"，对非其承办的案件漠不关心，消极应付。

针对上述问题，笔者建议借鉴美国法院标准制度，对我国合议制具体运作程序加以改造完善，强化审判法官"独立"裁判的责任，取消部分法院推行的固定合议庭做法。合议庭成员定期更换，至少一年一次。法院决定案件的内部程序应当确保争议经所有参加决策的法官认真审查，合议庭法官在口头辩论后决定作出前应当交换意见，法官权利平等，参与审判的法官均应表明态度，并陈述意见和理由，异议（少数意见）应当如实记入评议笔录，全体审判法官均应当参与判决的形成过程，并对判决负责。

立法建议：第四十一条第一款修改为："人民法院审理第二审民事案件，由审判员组成合议庭。合议庭的成员随机产生，成员人数必须是单数。

第四十三条修改为："合议庭成员应当全面参与案件的审理和判决，并对判决负责。合议庭评议案件，全体成员应当表明意见，实行少数服从多数的原则。评议应当制作笔录，由合议庭成员签名。评议中的不同意见，必须如实记入笔录。"

（六）实行人员分类化管理，完善法官助理制度

1999 年，最高人民法院在《人民法院五年改革纲要》中首次提出了要在

高级人民法院展开法官助理的试点，摸索法院人员分类管理经验。2000 年 2 月，北京市房山区人民法院经济庭"三二一审判机制"改革开始试行，由三名法官、两名法官助理和一名书记员组成的审判组织出现了，时任该庭助理审判员的白月涛，有了一个全新的身份——法官助理。① 2002 年，最高人民法院首次提出法官职业化建设。2002 年 7 月，最高人民法院下发了《最高人民法院关于加强法官队伍职业化建设的若干意见》，开始在全国法院系统试行法官助理制度，明确法官助理是在人民法院从事审判业务辅助工作的公务员，应当具有法律专业知识，但是不必通过国家司法考试。法官助理有自己明确的职责、独立的职务序列和职级晋升渠道，但是如果通过了国家司法考试，具备法官的条件，可以参加法官职务的竞聘。

随后，2004 年 9 月最高人民法院在全国范围内选定 18 家法院试行法官助理制度，法官助理试点工作由此正式启动。2007 年 12 月最高人民法院又将法官助理试点扩充到了西部 800 多个基层法院。

法官职业化建设的重点是深入推进法院工作人员分类管理，而推行法官助理制度，是实现人员分类管理的关键和突破口。建立法官助理制度，具有重要意义：有利于今后推行法官员额制度，推进法官职业化精英化进程，有利于培养法官后备队伍，有利于法院科学分工和人员分类管理，有利于实现审判公正和效率。法官助理试点工作开展以来，取得了较好的效果，当事人对法官的投诉逐年减少，审判质量和效率不断提高。当然也还存在不少问题，例如，法官助理的法律地位和职责还有待明确，相关配套措施有待同步跟进。

笔者以为，可以借鉴美国的成熟经验，结合我国国情，将来在修订《人民法院组织法》时明确法官助理的地位，让其承担审判过程中的具体事务性工作，减少法官职数，为中级以上法院法官配备助理，基层法院则以业务庭为单位配备法官助理，使法官摆脱一般性的事务而集中精力于案件审判，以利于案件审判质量的提高。

（七）加强案件流程管理，减少诉讼迟延

我国近年来的司法实践中，民事案件数量迅猛增加，而法院的审判资源有限，导致法院积案现象愈益严重，司法效率遇到了空前挑战。如何在确保司法

---

① 时代关键词见证法官队伍 30 年变迁［EB/01］．http：//news. xinhuanet. com/legal/2008 - 12/07/content_ 10467991. htm

公正的前提下，尽可能地提高司法效率以满足广大民众对司法工作的新要求、新期待，实现司法功能，是法院必须面对的问题。因此，增强法官对民事案件的管理权限，以加快推进诉讼程序的进行，防止诉讼拖延，在我国目前及今后很长一段时间内，仍具有极为现实的意义。

有鉴于此，我们可以借鉴美国的相关制度，加强案件流程管理，减少诉讼迟延。法院应当制定书面形式的案件流程管理内部程序，制定和运用此类程序的基本原则是，给予每一案件恰如其分的关注，而不是出于管理的目的试图把它们同等对待。各个法院应指定专人（职员）负责案件流程项目的管理，并接受法院院长的监督。各个法院可结合实际，依据民事诉讼法的规定，制定审判过程中各程序的时间标准，并严格执行。法院按照案件的复杂性和难易程度、所涉及事项性质和类型、当事人种类和数量及其他相关标准对提交审理的案件进行准确区分，实行"繁简分流"。上诉案件审理以开庭审理为原则，以"径行判决"和书面审理为例外，且开庭审理又分为简易开庭和普通开庭，以保证对每一案件都进行适当审查，并对复杂案件适用特别监管程序。从而，既实现上诉审的监督、救济和指导三重职能，又能提高司法效率，减少诉讼迟延，维护公平正义。

立法建议：将第一百五十二条第一款修改为："第二审人民法院对上诉案件，应当组成合议庭，开庭审理。经过阅卷和调查，询问当事人，在事实核对清楚后，合议庭可以采取简化方式审理；合议庭一致认为不需要开庭审理的，也可以径行判决、裁定。"

第七章

结　语

　　世界上任何一个国家的民主和法制都是逐步建立、发展和完善的。"自从人类组成社会生活在一起，国家机关就开始担负起解决属于社区（或任何时候都在社区）个人之间的冲突和个人与国家之间的冲突的责任。人类社会初期，出现了一些类似于法院的机构，法律或类似于法律的东西据之产生并建立起来。"① 但是，法律制度包括司法制度往往落后于社会发展和进步的步伐，因而我们需要不断地对其进行改造以适应社会的进步。从现有的文字记载看，法律制度都处在持续的变革发展中。并且，司法改革问题也并非仅仅为我国所独有。1906 年，庞德在谈到法院的缺陷时说，效率的高低不在于法官个人的人品，而在于法院的组织和程序。② 由此可见，法院制度的重要性。但是，"美国联邦法院研究委员会 1990 年的报告却令人沮丧，法官的数量将会无情地增长，因为案件数量在大幅度增长，而工作的质量将会下降。"③

　　尤其是随着科技的进步，信息时代的到来，经济全球化的不断深入，从西方到东方，无论是发达国家还是发展中国家，亦无论是社会主义国家还是资本主义国家，世界各国都加快了司法改革的步伐。例如，英国、美国、德国、瑞典及日本等都先后进行了司法改革以应对日益发展的社会形势变化。

　　美国是典型的联邦制国家，1789 年制定的美国宪法，确立了美国政府"三权分立"的原则及"联邦制"的构架，直接影响到美国的法律制度。美国有联邦和州二种阶层的政府，50 个州有很大的独立性，是联邦的准自治成员，拥有较大的权力。联邦制的突出特征是一个强有力的行政机构和独立的联邦司

---

① 格兰特·吉尔莫. 美国法的时代 [M]. 北京：法律出版社，2009. 3.
② 伯纳德·施瓦茨. 美国法律史 [M]. 王军译，北京：法律出版社，2007. 223.
③ 弗兰克·M·柯芬，美国上诉程序 [M]. 北京：中国政法大学出版社，2009. 218.

法权。美国政府的联邦性质在法律实施、地方行政以及司法组织方面最为显著。州政府机构的设置与联邦政府相同，也由立法、行政和司法三部分组成，实行分权和制衡。各州亦有其包括州宪法、刑法、民法、程序法、证据法等一整套法律制度，州的行政首脑是州长，除个别州（内布拉斯加州）外，州的议会也实行两院制。

在美国，州与国家法律体系的相互交织和相互影响，构成了"联邦"体制的特征，中央国家政府与多元的下级即各州政府之间分享权力。由于上述美国政治体制的独特性，导致了美国司法制度的极端复杂性。美国设立了相互平行的两套法院系统，它们相互补充，各自建立在相同的设想、原则和规训的基础上。实际上，美国整个司法体系有 51 个不同的司法制度：美国联邦法院制度和美国各州的州法院制度。对于州法而言，美国各州的州法院制度是独立且封闭的，每一州都有自身以本州宪法为基础的法院系统，每一个州有其给予州法最终诠释的最高法院。而且，美国的联邦制度在美国司法体制上还造成了混乱，因为二元法院体制不是完全割裂和相互独立的，它们以大量的重要方式相互交叉、相互交织：美国的州法院和联邦法院可竞合审理州法案件和联邦法案件，由此而导致复杂且低效率的情况产生。

由于政治体制的局限性，美国联邦无权统一 50 个州法院系统，而 50 个州法院系统更是各自为政。由此便造成美国国内司法的不统一，给美国公民"接近正义"造成了障碍。有鉴于此，美国律师协会作为非政府组织以"推动法律科学的进步，提升司法管理水平并在全国范围内统一立法……"为使命，长期以来致力于推进司法改革，促进司法统一。它制定了与法院相关的一系列标准（其中包括《上诉法院标准》）均为推荐性标准，并无强制力。但是，由于美国律师协会在美利坚合众国的强势影响，该推荐性标准与美国律师协会制定的其他标准一样对美国的司法产生了重大而积极的影响。

《上诉法院标准》内容广泛，规定翔实，涉及上诉法院审判、组织及管理等诸多方面。本书重点研究了标准中有关上诉法院组织原则及构造、上诉范围及其上诉理由、上诉法院的决定程序、上诉法院管理、案件流程管理及上诉法院管理服务及设施等八个方面的内容，突出了其所体现的先进理念。这些标准，大部分已经为联邦法院参照适用。一些州法院系统完全采用了这一系列标准，另外一些州则已经将其列入实行计划。这些法院标准制度推行几十年来，取得了极为显著的成效，采纳标准的那些州已初步实现了司法统一、高效的目标。

我国的社会主义民主和社会主义法制建设，也需要一个逐步发展和完善的过程，不可能一蹴而就。随着市场化改革的深入发展，中国经济成为全球经济的重要组成部分，中国的经济发展离不开世界，而全球经济的进一步发展也有赖于中国这个巨大的市场。经济"全球化"对于中国的发展而言，既是机遇又是挑战。在经济"全球化"的浪潮中，中国要参与国际经贸合作和发展，就须要吸收和借鉴西方法制发达国家的成功经验，按照经济一体化的要求和国际上的通行做法，对我国的法律制度进行相应变革和完善，创造良好的法治环境，实现法治现代化。

正如当代德国著名的法学家伯恩哈德·格罗斯菲尔德（Bernhard Gross-feld）教授所言："保持我们法律体系的可接近性和可理解性更加符合我们自己的利益，特别是在一个法律越来越统一化，标准不停地国际化，以及一般法律原则不断产生的时代，这显得更为重要。我们法律体系的未来就仰赖于这一点。"①

当前，我国的司法体制改革正在如火如荼地进行。2010 年 4 月 28 日下午在北京召开了中央政法委第十二次全体会议暨司法体制改革第四次专题汇报会。中共中央政治局常委、中央政法委书记周永康在会上强调，要按照中央决策部署，以攻坚克难精神推进司法体制和工作机制改革，逐一破解重点难点问题，不断取得人民满意的改革成效。要正确处理深化改革与完善立法的关系，在充分调研论证的基础上，加快修改和完善相关法律的步伐，为深化司法体制和工作机制改革提供有力法制保障。②

新的时代对法制建设提出了新的更高要求，法制建设应当更好地反映社会发展的时代特征，更好地为促进社会全面协调可持续发展服务，为经济社会发展提供有利的法治环境。我们必须深化司法体制改革，优化司法职权配置，规范司法行为，完善诉讼制度，健全公民权利救助机制，加强对司法活动的监督，落实司法保障，保证司法机关依法独立地行使审判权。

司法改革的"集结号"已经吹响，其声音响彻中华大地，它鼓舞着我们

---

① 伯恩哈德·格罗斯菲尔德. 比较法的力量与弱点 [M]. 北京：清华大学出版社，2002. 10. 176.

② 廖文根. 以攻坚克难精神推进司法体制改革不断取得人民满意的改革成效 [N]. 人民日报，2010－4－29（01）.

不断探索和前行。社会的文明和进步无法脱离法律制度的完善，而作为法律制度的重要基础领域的法院制度更是有太多的东西需要我们积极探索。我们完全可以这样说，为了改革和完善我国的司法制度而进行比较法上的研究不但是必要的，而且这样的研究还将使我们更清醒，也会更加明智。不过，我们亦必须明了，美国的法院标准制度是在美国的土壤中诞生和不断发展的，其文化意识、司法传统、政治制度、经济基础等对法院标准制度的生成和发展均发挥着重要作用。

本书对借鉴美国经验进行了可行性分析，认为全球两大法系之间一直存在相互借鉴的做法，并且经济全球化推动了法律全球化。随着全球化进程加快，两大法系融合趋同之势必将日益突显。我国已经有成功移植英美法律制度的诸多先例和经验，今后英美法律制度对我国法制的影响一定会更大。我国在借鉴美国法院标准制度时，必须清醒地认识到两国间在诸多方面存在的差异，切忌对其制度生搬硬套。但是，借鉴和吸收又是必要的，如果对他国先进的法律制度和文化不能适当地加以引进和改造，到最后我们的法律制度将变得僵化，无法适应经济社会的科学发展。笔者以为，对于一些司法审判技术层面的改革，因为不涉及政治权力的重新界定和分配，不抵触现行法律，完全可以在宪法和法律框架内，在最高司法机关的法定权限内，通过借鉴美国法院管理的一些先进制度，实行自上而下的内部改革，在一定程度上实现司法的高效便民、廉洁公正。由此，笔者提出了借鉴美国上诉法院标准制度的七个方面的意见：（一）明确上诉法院的职能，严格限定上诉审理的范围；（二）完善上诉审程序，增设飞跃上诉制度和附带上诉制度；（三）改革法院设置体制，实行司法辖区和行政区划的分离；（四）引入"法庭之友"制度，允许案外人提交法律意见书；（五）完善合议制度，严格审判法官的责任；（六）实行人员分类化管理，完善法官助理制度；（七）加强案件流程管理，减少诉讼迟延。

"法律反映但并不决定社会的道德价值。一个公正合理的社会的价值将在公正合理的法律当中得到反映。社会越好，法律越少。天堂里没有法律，狮子和羊羔躺在一起。一个不公正社会的价值将在不公平的法律中得到体现。社会越坏，法律就越多。地狱里没有别的，只有法律，在那里正当程序被小心翼翼地遵守着。"① 制定法律法规不是目的，关键是法律需要被信仰并得到遵守。

① 格兰特·吉尔莫. 美国法的时代［M］. 北京：法律出版社，2009.3.

美国法院标准已经引起了国内司法实务界的一些关注，但是，真正全面系统地研究该制度的学者几乎没有，也鲜有文章对美国的系列《法院标准》进行介绍和讨论。因此，笔者在这里大胆选择这个课题就是想抛砖引玉，希望有更多的人能够加入到对美国法院标准制度的研究中来，以期为中国法律制度建设尤其是法院制度建设提供不同的视角。当然，囿于笔者学识水平，研究还存在诸多的不足和局限，有待进一步深入和拓展。

此外，作品完成后，虽经本人多番补充修订，仍难免有错漏和不当之处，还望各位批评指正。

致　谢

　　感谢上苍的安排，使我有幸拜在平易近人、学识渊博的陈刚教授的门下。我从陈先生的言传身教中获取了宝贵的法学营养，尽管生就愚钝的我进步很慢，但我却从先生的谆谆教诲中知道了一个做学问的人应当具备的知识和人格。我努力地朝着先生指示的目标前行，尽管很苦很苦，但心里甚感幸福。在攻读博士学位期间，先生对我学术上严格要求，使我获益匪浅。特别是在撰写博士论文期间，从选题、资料的搜集、论文的结构等方面，先生都为我花费了大量心血，着实令我感动。无以为报，我只能对恩师道一声感谢，感谢先生的辛勤培养，我会按照先生的教诲一路前行。

　　本书是在作者的博士学位论文的基础上加以增减修订完善而成。本书的写作前后历时近五年。写作过程中遇到的困难是不言而喻的，国内几乎没有相关的可以借鉴的研究内容，只有通过对大量外文资料的浏览、检索、阅读、分析和综合来进行探索研究。随着写作的推进，信心是越来越少，多少次不得不辍笔，好几次推倒重来，甚至都有过中途放弃的想法。是我的导师陈刚教授给予我莫大的鼓励与支持，本书的最终完成倾注了陈老师很多心血。五年的学习生活中，陈老师活跃开放的学术思想、敏锐深刻的洞察力、渊博精深的学识给了我极大的教益和影响，是我完成学习任务的最重要的保证。在此，谨再次对陈刚老师致以最衷心、最诚挚的感谢！

　　我还要感谢西南政法大学的常怡教授和廖中洪教授、南京师范大学的李浩教授、湘潭大学的何文燕教授、重庆大学的程燎原教授、许明月教授、陈伯礼教授、齐爱民教授、张舫教授、曾文革教授、杨春平教授、秦鹏教授。他们对我的写作给予了指导、帮助、建议和鼓励。他们渊博的知识令我倾慕，他们无私的敬业精神让我动容。

157

我要深深感谢年迈的父母、辛勤操劳的妻子和已经是初中生的儿子。在我努力求学而不能为家里赚取收入的五年间，他们节衣缩食，粗茶淡饭地生活着，不但没有任何埋怨，反而经常给我鼓励、信心和支持，使我能安心学习和研究，让我感受到了平凡而伟大的亲情。

感谢我的师兄陶建国博士、李邦军博士、阮李全博士、陈宗波博士、蔡维力博士以及其他同窗好友的大力帮助，同窗之谊，终生难忘。感谢各位老师提供的帮助。在这里祝他（她）们吉祥、幸福、安康、富贵。

在这里也特别感谢专家评委的评审，感谢教育部高等学校社会科学发展研究中心的资助，感谢光明日报出版社的支持。

"路漫漫其修远兮，吾将上下而求索！"不管将来的路途有多么艰辛，我都会脚踏实地走下去……

奉晓政

2012 年 12 月

参考文献

［1］胡鞍钢. 中国社会转型中的四大新特点［J］. 学习月刊, 2005,（10）: 43.

［2］The Challenge of Law Reform. Princeton, NJ: Princeton University Press, 1955. 4～5.

［3］最高人民法院. 人民法院第三个五年改革纲要（2009～2013）［EB/01］.
http: //www. court. gov. cn/spyw/sfgg/201002/t20100223_ 1776. htm.

［4］河南司法厅和高院出台文件要求——律师要劝当事人少打官司［N］. 北京晨报,
2009 - 9 - 3（07）.

［5］Alexis de Tocqueville. Democracy in America, ed. J. P. Mayer and M. Lerner. New York: Harper and Row, 1966: 248.

［6］2000 年美国大选诉讼［EB/01］. http: //xfx. jpkc. gdcc. edu. cn/show. aspx? id = 174

［7］黄浴宇. 论司法改革对美国法官地位的强化［D］. 南京: 南京师范大学 2004. 6.

［8］严仁群. 美国法官惩戒制度论要［J］. 法学评论, 2004,（6）: 129～132.

［9］张晓薇. 美国法官的角色: 传统与现代的交织［J］. 民事程序法研究, 北京: 清华大学出版社, 2004: 270～285.

［10］朱迪斯·雷斯尼克, 王奕翻译. 管理型法官［J］. 民事程序法研究, 北京: 清华大学出版社, 2004: 286～334.

［11］叶青, 王晓华. 论法院之友制度及其在我国的移植障碍［J］. 现代法学, 2008,（2）: 186.

［12］张泽涛, 陈斌. 法学家论证意见书及其规范［J］. 法商研究, 2004,（4）: 128～129.

［13］张泽涛. 美国法院之友制度研究［J］. 法商研究, 2004,（1）: 179～182.

［14］叶青, 王晓华. 论法院之友制度及其在我国的移植障碍［J］. 现代法学, 2008,（2）: 190～193.

［15］John Bilyeu Oakley and Robert S. Thompson, Law Clerks and the Judicial Process Berkeley and Los Angeles. California: University of California Press 1980. 11.

［16］北京市高级人民法院: 美国司法系统［A］海外司法制度掠影, 北京: 人民法院出版社, 2002: 120.

［17］王玎. 美国法院的书记员［J］. 人民司法，1998，（2）：27.

［18］Henry R. Glick，Courts，Politics，and Justice，McGraw - Hill Book Company，1983：48—49.

［19］叶邵生. 美国法院的行政管理［J］. 法律适用 2007，（4）：90～93.

［20］National Center for State Courts，State Appellate Caseload Growth 2（Oct. 1983）.

［21］State Court Caseload Statistics：Annual Report 1991，50（1993）.

［22］莫诺·卡佩莱蒂. 福利国家与接近正义［M］. 北京：法律出版社 200：256.

［23］Meador，An Appellate Court Dilemma and a Solution Through Subject Matter Organization，16 U. Mich. J. L. Ref. 471，474（1983）.

［24］Ben F. Overton：A PRESCRIPTION FOR THE APPELLATE CASELOAD EXPLOSION，12 Fla. St. U. L. Rev. 205.

［25］Brian J. Ostrom and Neal B. Kauder，*Examining the Work of State Courts*，1993（NCSC，1995）：54～57.

［26］Roger A. Hanson，Procedural Innovations for Appellate Courts：A Synthesis of Two National Workshops（NCSC，1995）：9.

［27］Court Statistics Project，*State Court Caseload Statistics：An Analysis of* 2008 *State Court Caseloads*（National Center for State Courts 2010）［EB/01］.

http：//www. ncsconline. org/D_ Research/csp/2008_ files/Appellate_ Court_ Tables. pdf

［28］史蒂文·苏本和玛格瑞特·伍. 美国民事诉讼的真谛［M］. 北京：法律出版社 2002. 271.

［29］Federal Judicial Caseload Statistics（2001）. ［EB/01］.

http：//www. uscourts. gov/uscourts/Statistics/FederalJudicialCaseloadStatistics/2001/front/highlights. pdf

［30］莫诺·卡佩莱蒂. 福利国家与接近正义［M］. 北京：法律出版社 2000：258.

［31］威廉·伯纳姆. 英美法导论［M］. 北京：中国政法大学出版社，2003. 3.

［32］塞缪尔·埃利奥特·莫里森，亨利·斯蒂尔·康马杰，威廉·爱德华·洛伊希腾堡. 美利坚合众国的成长（第一卷第一分册）［M］. 天津：天津人民出版社，1975：412.

［33］塞缪尔·埃利奥特·莫里森，亨利·斯蒂尔·康马杰，威廉·爱德华·洛伊希腾堡. 美利坚合众国的成长（第一卷第一分册）［M］. 天津：天津人民出版社，1975：349.

［34］J·布卢姆. 美国的历程［M］. 北京：商务印书馆，1988：171.

［35］莫诺·卡佩莱蒂. 福利国家与接近正义［M］. 北京：法律出版社 200：248.

［36］伯纳德·施瓦茨. 美国法律史［M］. 北京：中国政法大学出版社，2007：9.

［37］伯纳德·施瓦茨. 美国法律史［M］. 北京：中国政法大学出版社，2007：10.

［38］罗斯科·庞德. 夏登峻译，普通法的精神［M］. 北京：法律出版社，2001：79.

［39］罗斯科·庞德. 夏登峻译，普通法的精神［M］. 北京：法律出版社，2001：83.

［40］罗斯科·庞德. 夏登峻译，普通法的精神［M］. 北京：法律出版社，2001：85.

［41］Edward Mead Earle. The Federalist, Introduction［M］. New York：Modern Library, 1937：537.

［42］伯纳德·施瓦茨. 美国法律史［M］. 北京：中国政法大学出版社，2007：33.

［43］杨生茂，陆镜生. 美国史新编［M］. 北京：中国人民大学出版社，1990：114.

［44］彼得·G·伦斯特洛姆. 美国法律辞典［M］. 北京：中国政法大学出版社，1998：61.

［45］伯纳德·施瓦茨. 美国法律史［M］. 北京：中国政法大学出版社，2007：100.

［46］刘敏. 裁判请求权：民事诉讼的宪法理念［M］. 北京：中国人民大学出版社 2003：25~35.

［47］莫诺·卡佩莱蒂. 福利国家与接近正义［M］. 北京：法律出版社2000：257.

［48］D. Horowitz, The Courts and Social Policy（Washington D. C. , Brookings Institution, 1977）

［49］格兰特·吉尔莫 美国法的时代［M］. 北京：法律出版社，2009：110.

［50］朱颖. 国际民事诉讼程序统一立法研究［D］. 重庆：重庆大学法学院，2007：95.

［51］弗兰克·M·柯芬. 美国上诉程序［M］. 北京：中国政法大学出版社，2009：48.

［52］Bernard G. Barrow, "The Discretionary Appeal：A Cost Effective Tool of Appellate Justice," 11 Geo. Mason U. L. Rev. 31（1988）. ）

［53］NCSC. Case Processing Time Standards in State Courts, 2007.［EB/01］. http：// ncsc. contentdm. oclc. org/cdm4/item _ viewer. php? CISOROOT =/ctadmin&CISOPTR = 1409&CISOBOX = 1&REC = 1

［54］William W. Schwarzeer, Nancy E. Weiss, Alan Hirsch, "Judicial Federalism in Action：Coordination of Litigation in State and Federal Courts," 78 Virginia Law Review 1733（November 1992）.

［55］Rita M. Novak and Douglas K. Somerlot, Delay on Appeal（ABA 1990）81~82.

［56］Rita M. Novak and Douglas K. Somerlot, Delay on Appeal（ABA 1990）64~70.

［57］史蒂文·苏本，玛格瑞特 Y. K. 伍. 美国民事诉讼的真谛 M］. 北京：法律出版社，2002：22.

［58］伯纳德·施瓦茨. 美国法律史［M］. 北京：中国政法大学出版社，2007：224.

［59］史蒂文·苏本，玛格瑞特 Y. K. 伍. 美国民事诉讼的真谛 M］. 北京：法律出版社，2002：23.

［60］史蒂文·苏本，玛格瑞特 Y. K. 伍. 美国民事诉讼的真谛［M］. 北京：法律出版社，2002：25.

［61］Federal Rules of Civil Procedure by Foundation Press New York 2004：561～614.

［62］Federal Rules of Appellate Procedure［EB/01］. http：//www. law. cornell. edu/rules/frap/

［63］Stephen C. Yeazell：Civil Procedure 5th ed.［M］. Aspen Law & Business Aspen Publishers, Inc. Gaithersburg New York 2000：753.

［64］亨利·J·亚伯拉罕. 司法的过程［M］. 北京：北京大学出版社，2009：110.

［65］杰弗里·C·哈泽德，米歇尔·塔鲁伊. 美国民事诉讼法导论［M］. 北京：中国政法大学出版社，1998：179.

［66］Stephen C. Yeazell：Civil Procedure 5th ed.［M］. Aspen Law & Business Aspen Publishers, Inc. Gaithersburg New York 2000：753.

［67］弗兰克·M·柯芬. 美国上诉程序［M］. 北京：中国政法大学出版社，2009.8.

［68］弗兰克·M·柯芬. 美国上诉程序［M］. 北京：中国政法大学出版社，2009.7.

［69］Stephen C. Yeazell：Civil Procedure 5th ed.［M］. Aspen Law & Business Aspen Publishers, Inc. Gaithersburg New York 2000 ：761.

［70］Catlin v. United States, 324 U. S. 229, 233（1945）.

［71］杰弗里·C·哈泽德，米歇尔·塔鲁伊. 美国民事诉讼法导论［M］. 北京：中国政法大学出版，1998：130.

［72］Evan Haynes, The Selection and Tenure of Judges［M］. Newark, NJ：National Conference of Judicial Councils, 1994.5.

［73］柴发邦. 民事诉讼法学新编［M］. 北京：法律出版社，1992：119.

［74］陈桂明. 我国民事诉讼上诉审制度之检讨与重构［J］法学研究，1996.（4）：51～52.

［75］邱联恭. 程序选择权论［M］. 台湾：三民书局，2000.8.

［76］张家慧. 改革与完善我国现行民事上诉制度探析［J］现代法学，2004（1）：116.

［77］杨荣新，乔欣. 重构我国民事诉讼审级制度的探讨［J］. 中国法学 2001.（5）：120.

［78］江伟 . 民事诉讼法专论［M］. 北京：中国人民大学出版社，2005：355.

［79］最高人民法院民事诉讼法调研小组 . 民事诉讼程序改革报告［M］. 北京：法律出版社，2003：170～171.

［80］黄宣 . 论我国民事诉讼再审程序的改革［A］田平安 . 民事诉讼程序改革热点问题研究［C］. 北京：中国检察出版社，2001：423.

［81］最高人民法院民事诉讼法调研小组 . 民事诉讼程序改革报告［M］. 北京：法律出版社，2003：175～179.

［82］江伟 . 民事诉讼法的修订和完善中的重大问题［J］山东审判 2007，（2）：7.

［83］陈刚 . 我国民事上诉法院审级职能再认识［J］. 中国法学 2009，（1）：180.

［84］齐树洁 . 我国司法体制改革的回顾与展望［J］. 毛泽东邓小平理论研究 2009，（4）：47.

［85］杨荣新，乔欣 . 重构我国民事诉讼审级制度的探讨［J］中国法学，2010，（5）：120.

［86］陈桂明 . 我国民事诉讼上诉审制度之检讨与重构［J］法学研究，1996，（4）：52.

［87］傅郁林 . 审级制度的建构原理［J］中国社会科学 2002，（4）：99.

［88］张卫平 . 民事诉讼法律审的功能及构造［J］法学研究 2005，（5）：42.

［89］陈刚 . 我国民事上诉法院审级职能再认识［J］中国法学 2009，（1）：180.

［90］棚濑孝雄 . 纠纷的解决与审判制度［M］. 北京：中国政法大学出版社，1994：266.

［91］奉晓政 . 瑞典群体诉讼制度的确立及其对我国的启示［J］. 海南大学学报，2010.5：43.

［92］邱联恭 司法之现代化与程序法［M］. 台湾：三民书局，1992：322.

［93］陈刚 . 我国民事上诉法院审级职能再认识［J］. 中国法学 2009，（1）：191.）

［94］中村英郎 . 新民事诉讼法讲义［M］. 北京：法律出版社，2001：262.

［95］江伟 . 民事诉讼法专论［M］. 北京：中国人民大学出版社，2005：392～400.

［96］傅郁林 . 论民事上诉程序的功能与结构［J］. 法学评论. 2005.4：43～44.

［97］Maitland, English Law and the Renaissance, in: Selected Essays in Anglo – American Legal History, Bd. 1. 1907. S. 168. 176.

［98］弗兰克·M·柯芬 . 美国上诉程序［M］. 北京：中国政法大学出版社，2009：22.

［99］Lawrence M. Friedman, A History of American Law, 2nd ed.［M］. New York：Simon & Schuster, 1985：168.

［100］史蒂文·苏本，玛格瑞特 Y. K. 伍 . 美国民事诉讼的真谛［M］. 北京：法律

出版社，2002：62.

[101] Lawrence M. Friedman, A History of American Law, 2nd ed. ［M］. New York：Simon & Schuster, 1985：148.

[102] Lenhoff, America's Legal Inventions Adopted in Other Countries, Buffalo L. Rev. 1 (1951/52) 118；ders. , America's Cultural Contributions to Europe in the Realm of Law, Buffalo L. Rev. 16 (1966/67) 7.

[103] 沈宗灵. 比较法研究 ［M］. 北京：北京大学出版社，1998：261～269.

[104] 夏勇. 宪政建设：政权与人民 ［M］. 北京：社会科学文献出版社.2004：71.

[105] Fuller, The Principles of Social Order, Durham, N. C. 1981. S. 296.

[106] 林峰正. 司法改革不能没有律师参与 ［J］. 南风窗，2009，(7)：47.

[107] ［德］阿斯特里特·斯达德勒. 法院多样性和民事诉讼法的统一 ［A］. 陈刚. 比较民事诉讼法 ［C］. 北京：中国法制出版社，2008.199.

[108] ［德］阿斯特里特·斯达德勒. 法院多样性和民事诉讼法的统一 ［A］. 陈刚. 比较民事诉讼法 ［C］. 北京：中国法制出版社，2008.198.

[109] 黄宗智. 中西法律如何融合？道德、权利与实用 ［J］.2010.5：721.

[110] 张卓明. 英美法对我国30年来法制改革的影响 ［J］. 南京大学法律评论，2008，(春秋合卷)：293～299.

[111] 朱景文. 比较法总论 ［M］. 北京：中国人民大学出版社，2008：55～74.

[112] 沈宗灵. 比较法研究 ［M］. 北京：北京大学出版社，1998：467～485.

[113] 高鸿钧. 美国法全球化：典型例证与法理反思 ［J］. 中国法学，2011.1.5.

[114] 高鸿钧. 美国法全球化：典型例证与法理反思 ［J］. 中国法学，2011.1：32～44.

[115] 郑保华. 法院组织法释义 ［M］. 上海：上海会文堂新记书局，1936：58～59.

[116] 范忠信，陈景良. 中国法制史 ［M］. 北京：北京大学出版社.2007：558～599.

[117] 谢怀栻. 德意志联邦共和国民事诉讼法 ［M］. 北京：中国法制出版社2001.132.

[118] 中村英郎. 新民事诉讼法讲义 ［M］. 北京：法律出版社，2001.273.

[119] 江伟. 民事诉讼法学原理 ［M］. 北京：中国人民大学出版社，1999.368.

[120] 奥特马·尧厄尼希. 民事诉讼法 ［M］. 北京：法律出版社，2003.370.

[121] 江伟. 民事诉讼法学原理 ［M］. 北京：中国人民大学出版社，1999.407.

[122] 奥特马·尧厄尼希. 民事诉讼法 ［M］. 北京：法律出版社，2003.369.

[123] 杨荣馨. 民事诉讼原理 ［M］. 北京：法律出版社，2003.518.

[124] 江伟. 民事诉讼法学原理 ［M］. 北京：中国人民大学出版社，1999.407～408.

[125] 杨维汉. 我国已初步形成中国特色人民法院体系 ［EB/01］.

http：//news. qq. com/a/20081106/003201. htm

[126] 湖北省汉江中级人民法院简介. http://hjzy.chinacourt.org/public/detail.php? id = 1

[127] 陈煜儒. 法院管辖超越行政区域有利司法公正——访最高人民法院副院长万鄂湘委员 [N]. 法制日报20080310 - (01).

[128] 刘君德. 中外行政区划比较研究 [M]. 上海：华东师范大学出版社，2002.5：446 一 453.

[129] 叶青，王晓华. 论法院之友制度及其在我国的移植障碍 [J]. 现代法学，2008，(2)：190 ~ 193.

[130] 叶青，王晓华. 论法院之友制度及其在我国的移植障碍 [J]. 现代法学，2008，(2)：192.

[131] 陈尧·政治生活中利益集团的成因分析 [J] ·上海交通大学学报：哲学社会科学版，2006 (1)：24 ~ 29.

[132] 浙江省高级人民法院研究室. "专家法律意见书"对审判工作的影响 [J]. 法律适用. 2003.10：34.

[133] 翁岳生. 德国大学法学院对审判实务之影响. 法治国家之行政与司法 [M]. 台湾：台湾月旦出版社股份有限公司，1995.

[134] 王健. 他们为何第一个吃螃蟹 [J]. 民主与法制. 2009.8：12 ~ 14.

[135] 石京学. 案件管理的理论基础 [J]. 检察实践. 2005.4：38.

[136] 周永康. 认真贯彻中央决策部署积极稳妥推进司法改革 [J]. 人民检察，2009，(9)：1.

[137] 肖扬. 中国司法改革的成就与发展趋势 [J]. 人民司法，2007，(13)：4.

[138] 景汉朝. 卢子娟. 经济审判方式改革若干问题研究 [J]. 法学研究，1997，(5)：3.

[139] 夏锦文. 当代中国的司法改革：成就、问题与出路 [J]. 中国法学，2010，(1)：17.

[140] 齐树洁. 我国司法体制改革的回顾与展望. [J]. 毛泽东邓小平理论研究，2009，(4)：47.

[141] 顾培东. 从经济改革到司法改革 [M]. 北京：法律出版社，2003.23.

[142] 夏锦文. 当代中国的司法改革：成就、问题与出路 [J]. 中国法学，2010，(1)：19.

[143] 何兵. 司法职业化与民主化 [J]. 法学研究，2005，(4)：100.

[144] 刘松山. 再论人民法院的"司法改革"之非 [J]. 法学，2006，(1)：5.

[145] 贺卫方. 中国的法院改革与司法独立 [J]. 浙江社会科学，2003，(2)：84.

[146] 葛洪义，冯善书. 关于司法改革的对话 [EB/01].

http://news.sina.com.cn/c/sd/2010 - 06 - 24/174920540886.shtml

[147] 肖扬. 法院、法官与司法改革 [J]. 法学家, 2003, (1): 3.

[148] 刘会生. 人民法院管理体制改革的几点思考 [J]. 法学研究, 2002, (3): 13.

[149] 张卫平. 体制、观念与司法改革 [J]. 中国法学, 2003, (1): 4.

[150] 刘安荣. 我国法院体制的行政化及改革对策 [J]. 陕西师范大学学报 (哲学社会科学版), 2004, (11): 111.

[151] 陈刚. 我国民事上诉法院审级职能再认识 [J]. 中国法学, 2009, (1): 180.

[152] 陈桂明. 诉讼公正与程序保障 [M]. 北京: 中国法制出版社, 1996. 112.

[153] Federal Rules of Appellate Procedure [EB/01]. http://www.law.cornell.edu/rules/frap/

[154] 杨建华. 民事诉讼事务问题研究 [M]. 台北: 三民书局有限公司, 1981. 359.

[155] 陈桂明, 吴如巧. "法庭之友" 制度及其借鉴 [J]. 河北法学, 2009, (2): 96.

[156] 时代关键词见证法官队伍 30 年变迁 [EB/01].
http://news.xinhuanet.com/legal/2008 - 12/07/content_ 10467991.htm

[157] 格兰特·吉尔莫. 美国法的时代 [M]. 北京: 法律出版社, 2009. 3.

[158] 伯纳德·施瓦茨. 美国法律史 [M]. 王军译, 北京: 法律出版社, 2007: 223.

[159] 弗兰克·M·柯芬, 美国上诉程序 [M]. 北京: 中国政法大学出版社, 2009: 218.

[160] 伯恩哈德·格罗斯菲尔德. 比较法的力量与弱点 [M]. 北京: 清华大学出版社, 2002. 10: 176.

[161] 廖文根. 以攻坚克难精神推进司法体制改革 不断取得人民满意的改革成效 [N]. 人民日报, 2010 - 4 - 29 (01).

[162] 格兰特·吉尔莫. 美国法的时代 [M]. 北京: 法律出版社, 2009. 3.

[163] Peter L. Murray, Maine's Overburdened Law Court: Has the Time Come for a Maine Appeals Court 52 Me. L. Rev. 43

[164] L. B. 科尔森, P. H. 理查兹. 朗文法律词典 (第7版) [M]. 北京: 法律出版社, 2007

[165] M. A. Black's Law Dictionary, Standard Ninth Edition, St. Paul, Minn., West Publishing Co., 2009.

[166] 沃克, 李双元等. 牛津法律大辞典 [M]. 北京: 法律出版社, 2003.

[167] 马丁. 牛津法律词典 [M]. 上海: 上海外语教育出版社, 2007.

[168] 薛波. 元照英美法词典 [M]. 北京: 法律出版社, 2003.

[169] 夏登峻, 何联昇. 英法法律词典 [M]. 北京: 法律出版社, 1999